ちくま学芸文庫

オリンピア

遺跡・祭典・競技

村川堅太郎

筑摩書房

JN089924

まえがき

オリンピアは、オリンピックの発祥の地であるとともに、ギリシア史、ひろくは古典古代史の一つの結節点であった。

昨年（一九六二年）中公新書が発足したとき、さっそくオリンピアという題目で執筆するよう依頼されたが、うまい狙いだと感心した。

実は、東京にオリンピックが来るときまったとき、座談会くらいには出ねばなるまいと覚悟していたが、本を書くことになろうとは全然予期していなかった。中公新書編集部の話では、題名に狭くとらわれず、オリンピアを中心にしながら儒教・仏教・キリスト教以前の、それらを知らぬ人たちの人間像を描いてもらいたいとのことだったので、何か書けるだろうと引き受けたが、けっきょくは、副題のような点を中心にオリンピアの通史を書いたことになった。しかし私としては、古代ギリシア文化の一つの現われとしてのオリンピックに重点をおいたのは当然であろう。

考古学者でも宗教史家でもなく、スポーツマンでもなくて、このような本を書くとは、まったく冒険であるが、ギリシア史家でこれらを兼ねた方が日本におられるとも聞かないので、あえて素人の蕪辞を連ねたわけである。

小冊子ではあるが、諸説紛々たるオリンピアの一千五百年の歴史を書き上げるには多少の苦労をした。その間二、三の方々の御好意により、関連する文献をいただいて大いに教えられたことは、巻末の参考文献のところに記したとおりであるが、ここに深謝の意を表したい。

一九六三年九月

著者

目次

Ⅳ　祭典への招待　149

オリンピア

遺跡・祭典・競技

レスリング
前6世紀後半のアテネの両手壺

ギリシア本土とその周辺

●古代のポリスまたは集落

ローマ
イタリア
ネアポリス
タレントゥム
メタポンティオン
シュバリス
クロトン
レギオン
エピダムノス
セリヌス
シシリー
アクラガス
レオンティノイ
ゲラ
シラクサ

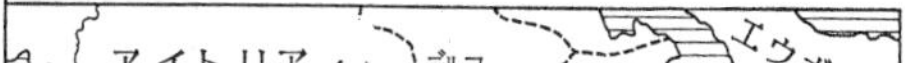
アイトリア
ナウパクトス
デルフィ
オルコメノス
エウボイア
カルキス
ボイオティア
パトラス
コリント湾
アスクラ
テーベ
アカイア
アッティカ
シキュオン
メガラ
エリス
エリス
コリント
アテネ
オリンピア
ネメア
ミケーネ
ピルゴス
ピサ
アルカディア
アルゴス
ティリンス
アルゴリス
ナウプリア
ペロポネソス
0 50km
メッセニア
スパルタ
ピュロス
ラコニア
中部ギリシアと
ペロポネソス半島
○今日の地名
●古代のポリスまたは集落

I　遺跡を訪ねて

早春のオリンピア

オリンピアへの道は遠かった。アテネの〝ペロポネソス駅〟から、日に一本のガソリンカーで出発したのが午前七時。コリントの地峡までは、左手が海で右手には山が迫り、それからさきは、左手にアルカディアの山々がそびえ、右側はコリント湾の海である。海沿いのわずかの平地には、オリーヴの林と枝もたわわに実をつけたレモンの畑がみられた。

ペロポネソスの西北隅、パトラスの港町を過ぎると、風景はがらりと変って、左手のアルカディアの山々はずっと遠方に退き、ギリシアにしては珍しく広い平地には、麦の芽がだいぶのびていた。

ようやく古代のエリスの地方にはいったのだ。

オリンピアの競技の選手たちが、競技のまえに集まって一カ月の練習をしたというエリスの市の跡は、どのあたりだろうか。エリスからオリンピアに通ずる「聖い街道」は。それらしいものは何もわからぬうちに、ピルゴスの駅についた。ここでなさけないような汽車に乗りかえ、ゴトゴト揺られて終点のオリンピアについたのは、午後二時半だった。一九五六年二月二十九日のことである。

小雨が降っている。ギリシアの早春はまだ観光のシーズンではない。外人向きの唯一のSホテルにも、泊り客はカナダの婦人一人だけだった。夕食の席で彼女は、今日の遺跡見物が雨のため散々だったと嘆き、ギリシア料理の油っこいのは閉口したと私に相槌を打った。

はるばるここまで来て、ズブ濡れの見物とは気の毒だ。だいたい、こんな僻遠の土地にギリシア民族の大祭典がおこなわれたのが変である。文化の上でも政治の上でもギリシアを代表したアテネとか、さっき通って来た交通の要衝コリントのあたりだったら、今日《こんにち》の観光客にはずっと有難いのだが。

僻遠といえば、名前が似ているのでよく混同されるオリンポス山、ゼウス以下の神々の宮居したというあの山もギリシアの北境で、忙しいツーリストには遠望することもできない。もっとも、ギリシア人やローマ人は、山は怖るべきものとして近づかなかったから、オリンポス山は詩歌の上でこそ神々の住むところだったが、別にゼウスの神殿があったわけではない。

しかしオリンピアは別である。それは、ギリシア第一の体育競技の場所であったばかりでなく、ギリシア彫刻の一大展示場でもあった。そして、奇蹟的に残った傑作を見たければ、どうしてもここの博物館まで来なければならない。

古代のエリス地方には、ドーリア人に近い人たちが住んでいた。スパルタ人の祖先がペロポネソス半島に侵入した紀元前一千年ころ、やはり北方からここに侵入した。かれらは、オリンピックの主宰者ということを除いては、文化的にも政治的にも、一向にぱっとしない人たちだった。その方言はオリンピアから出土した多数の碑文でよくわかるが、アテネ人の優雅な言葉とは似てもつかぬものであった。

ほかのギリシア人が、あのポリスという独特の小国家を形成した時代にも、かれらは村々に分れて住んでいた。前八世紀から六世紀までの植民市建設の運動にも、かれらは、われ関せずであったし、他のギリシア人に対して支配・干渉の手を伸ばそうともしなかった。その政体については、五世紀より前には極端な寡頭政がおこなわれたと伝えられるが、要するに素朴な百姓と地主の世界であった。

しかし、エーゲ海方面では、たとえばイオニアのポリスのように、東の異民族の帝国に脅かされたり、強力なポリスの支配・干渉を免れがたかったことを思うと、エリス地方の僻遠はむしろオリンピック開催の前提である政治的中立と平和とのため好都合だったろう。

そして、今日のギリシアまたはエーゲ海を中心に考えるから、ここは僻遠なのだが、ア

オリンピア遺跡の遠望。左上がクロニオンの丘、右斜め上がアルフェイオス川、川の手前が遺跡、中景のクラデオス川の左手前の建物が博物館

ドリア海岸、イタリア南部、シシリー島には、早くからギリシアの有力な植民市がたくさんできていたこと、また、その方面のギリシア人がオリンピアの競技にさかんに活躍したことを思うと、僻遠とばかりも言えないではないか。

翌日は、昨日とはうって変った快晴であった。

丘の上にあるホテルからは、クラデオスの流れを距ててクロニオン――オリンピアの主神ゼウスの父クロノスに因んで名づけられた丘――が、古代さながらに鬱蒼たる森に覆われてみえる。その南側、クラデオス川と、アルカディアの山地から流れて来るアルフェイオス川に挟まれたわずかの平地が、ゼウスの最大の神域であり、ギリシアの民族的祭典の場であったのだ。

朝食もそこそこに出かけた。

赤松の大木に覆われた神域にはいると、左手のヘラ神殿の、柱頭まで立っているズングリした二本の柱が目につく。右手には基部ばかり残ったギムナシオン（体育場）、そのさきにたくさんの柱の並び立つパレストラ（レスリング、ボクシング場）の跡。やや進むと、主神ゼウスの神殿は柱の下部を残してすっかり崩れ落ち、たくさんころがっている太い柱の石材が盛時の壮観をしのばせる。

しかし、もっとも私を驚かせ喜ばせたのは、遺跡を埋めた野草の花であった。赤と紫の野生のアネモネ、日本でいう「寒咲きのアイリス」、それから名を知らぬ白い花など。古代のギリシア人が花を愛し、花冠をつけて酒を酌むことは文献でおなじみである。四月のギリシアの山々の花の美しさは、ギリシア風土論のなかで読んでいたが、この早春にこの遺跡が天然の花園になっているとは、まったく予期しなかった。昨日の雨にしっとり濡れた緑の草の葉も美しい。

それに何という静けさだろう。案内書を片手に、たくさんの宝物殿とか反響廊とかネロ帝の別荘とかの跡を歩き廻って、もう正午も近いのに、一人の見物人も見えない。私は、オリンピアの遺跡の、そのもっとも美しい半日を独占したのである。

だが、それは間違いだった。アルティスとよばれた狭義の神域には、人っ子一人いなかった。しかしパレストラのさき、西南の方角に行ってみると、鉄条網がはりめぐらされ、そのなかでは三、四十人の男たちが発掘のために働いていた。ここは、レオニダイオンとよばれた宿舎の跡で、オリンピアでの最大の建造物だった。いま掘っているのは、南側の未発掘の部分である。

向うから年輩の紳士がパイプをくゆらせながら歩いて来た。挨拶して、これがミュンヘン大学教授、在アテネ・ドイツ考古学研究所長、オリンピア発掘主任のクンツェ博士であると知ったときは嬉しかった。

教授は、遠来の珍客にたいして、いろいろ親切に説明された。ことに、有名なゼウスの巨像をここで作った名匠フィディアスの「仕事場」の前を通ったとき、博士はそこでの驚くべき出土品について話されたが、それについては後で記そう。とにかく、貧弱な予備知識しかもたぬ私には、もったいないことであった。天気といい、あの花といい、それにオリンピアの最高権威にまで廻り会って、私の最初のオリンピア訪問は、じつにツイていた。

夏のオリンピア

一九六二年の八月二十五日、私は南仏で開かれた学会に出る途中、再度オリンピアを訪ねた。

ギリシアでの近年の発掘のうち、もっとも成果があがったのは、一九三九年に着手され、

レオニダイオンの跡。古代最大のホテルであった

第二次大戦で休止ののち五〇年代に入って再開されたメッセニアのピュロスの、いわゆる「ネストルの王宮」の発掘である。なにしろホメロスで有名なトロヤ戦役と同時代に栄えた王宮で、線状B文字とよばれる不思議な文字で書かれた文書までぞくぞくと出て、しかもそれが最古のギリシア語として解読されたのだから、学界の眼は、にわかにここに集中した。

このピュロスも前回に訪ねたが、その後の発掘の進捗はいちじるしいので、ぜひ再訪せねばならぬ。オリンピアでは、レオニダイオンも、もうすっかり掘り出されているだろうし、それに古代オリンピックの繰り展げられた競技の場所、スタディオンの発掘ができているはずである。幸いこのピュロスとオリンピアは、たいして離れていないので都合がよい。

八月は古代オリンピックの月であり、今日のギリシア観光のシーズンである。天気は連日快晴だし、暑さは相当だけれども、日本とちがって空気が乾燥しているので、それほど苦にならない。あわただしい旅なので、今度はアテネからハイヤーで来たが、途中、別の遺跡見物をしたりしたので、オリンピアに着いて、まず改修されて陳列品も豊富になった博物館を見物したのち遺跡に行ったときは、もう日没近くだった。

前回来たときとは、だいぶ様子が変っている。遺跡には金網が張りめぐらされ、入場料をとっている。ギリシアの夏枯れは、この神苑とておなじで、すべての草が黄色くなっていた。

まずレオニダイオンに行ってみた。発掘はすっかりすんでいる。約八十メートル四方、たびたび改造され、最後には池のある美しい中庭まであったこの建物は、古代最大のホテルだったという。もとは前四世紀のもので、エーゲ海のナクソス島のレオニダスという個人が出資して造ったことが碑文でわかっている。

このレオニダイオンに宿泊できたのは、盛時には四―五万人とまで推測されている大観衆のうちのごく一部のオエラ方であったことはいうまでもない。大部分の観衆は、いままでもギリシアの田舎の旅でおこなわれるように、エリスやその他の村々の民家に泊めてもらったり、二つの川の岸辺にテントを張ったりした。

最大のホテルも、いまは土台しかわからないが、イオニア式列柱の基部が斜陽のなかに、八十メートルも並んでいるのは見事である。

レオニダイオンからゼウス神殿の東を廻って、選手と審判員の専用だったという石造のアーケードをくぐるとスタディオン（競技場）である。

長さ百九十二メートルあまり、二十人が同時に走れた競走路は、今日よく残った石造の排水溝をめぐらし、東側と西側の両方に二条の浅い溝をもつ石が並んでいる。この溝は、スタートのとき足に力をあたえるためと想像されている。

ゴール（スタート）の石

オリンピアでは、時代とともに施設が整っていったが、もっとも重要なスタディオンの、観覧席は最後まで土手にすぎなかった。オリンピアのほどには重要でなかった他のポリスの競技場に、石造りの座席がのこっていることからみて、これは特筆に値する。観覧席は、北と東はクロノスの丘の裾を利用し、南側は盛り土をしたものだった。これからは芝生にするらしく、一人の男が水を撒いていた。

オリンピアについての本は、まえからいろいろあるが、いちばん大事なスタディオンの写真がのっていない。未発掘だったから当然なのだが、一九三七年にはじまった発掘はもう完了して、今日

スタディオンの全景。ここで競技がおこなわれた

はその全貌がカメラに収められる。

しかし陽は傾いて、北側の土手はもうクロノスの丘の影に入り、写真向きの時刻ではない。選手入場のアーケードの石屋根から撮影に苦心していると、フランス人らしい若者の一行がやって来た。そのなかの一人がやがて軽装になったと思うと、生涯の想い出のためだろうか、スタートの石に身構えをして東に向けて走って行った。

オリンピアの発掘史

オリンピアの神域についての記事は、古典にときどきみられるが、とくに紀元二世紀の後半にここを訪れたパウサニアスの『ギリシア案内記』のきわめて詳細な描写によって、盛時における多数の神殿その他の建物、とくにここを飾った無数の立像、また貴重な奉納品のことが知られる。それゆえここを発掘したいという考えは、十八世紀いらい西欧の教養人の間に生まれていた。ギリシア美術の研究に新しい時代を開いたヴィンケルマンもその一人だった。

そのころ、オリンピアの遺跡がどこにあるのかは誰一人知らなかった。オリンピアの地名すら古典にみえるだけで、土地の人たちからはすっかり忘れられていた。

今日推測されているところでは、四世紀の末にローマ皇帝により異教の信仰が禁止され、ついで異教神殿の破壊令が出たのち、ここの神殿の石材は、ここに建てられた教会や城壁のために使われ、六世紀の大地震が建物の破壊を早めた。さらにアルフェイオスとクラデオスの二つの川の洪水のため、近くにあった競馬場は跡かたなく流され、ギムナシオンも大部分がおなじ運命にあった。しかも附近の丘の土砂が運ばれて神殿を平均三メートルくらいの厚さで覆った結果、この有名な場所も地上からすっかり姿を没してしまった。

古代のオリンピアは、すこし誇張していえば、古典古代史の縮図なのだが、オリンピアの再発見と発掘も十八世紀いらいのヨーロッパの政治史を反映している。

再発見の名誉をかちえたのは英人チャンドラーで、一七六六年のことだった。かれはこの辺のあるトルコ人から「壁のくずれた跡がある」という聞きこみをえてそこに駆けつけ、それがオリンピアの大神殿の一部であることを確認した。

十九世紀に入って、ギリシア人のトルコ支配にたいする独立戦が終った直後、一八二九年にフランスはここで本式の発掘をおこなった。その結果、価値の高い彫刻が出て、それは今日ルーヴル美術館の所蔵になっているが、その発掘は、なぜか数週間で急に中止され、その理由も公表されなかった。

あとでわかったところでは、この附近の村人の一人が、祖先のつくった芸術品が外国人に掘り出されて国外に持ち去られるのを見て、無念禁じがたく、アルカディアの山々の彼方のナウプリアに出かけて、そこにあった独立新政府の首班のカポディストリアスに訴えた。かれは有名なロシアびいきでフランス嫌いだったので、発掘はたちまち中止命令を食ったのだった。このギリシア愛国者の訴えがなかったら、今日のオリンピアの魅力の半分を占める美術館は生まれなかったかもしれない。

オリンピア再発見から一世紀後のヨーロッパでは、オーストリアに勝ち、フランスを破ったプロイセンが、ドイツ統一の大事業をなしとげて旭日昇天の勢いであった。ベルリン大学教授のエルンスト・クルティウスは、若いころからペロポネソスの地誌を研究し、オリンピア発掘の急務を説いていたが、かれがプロイセンの王室に近かったこともあずかり、オリンピアの発掘が新ドイツ帝国の最初の一大平和事業として、クルティウスを主任として実行されることになった。

クルティウスがギリシア政府と結んだ議定書により、発掘品は絶対に持ち出さぬことと定められた。一八七六年にはじまって六年間つづいた発掘によって、オリンピアの主要な建造物の遺跡が明るみに出た。記録にはのこっていながらわからぬもののもすこしはあったが、記録にないものもいろいろ出た。

ただ残念なのは、無数に立っていたはずの彫刻が、わずかの例外を除いて、台座のほかはみななくなっていることであった。陶器の出土もすくなかった。しかし、青銅製の奉納品、しかもたいへん古いものがどっさり出たことは、予期しない収穫であった。

二十世紀のはじめにおこなわれた発掘は、ギリシアの盛時の層よりさらに深い先史時代の層を神苑のなかに探り出し、ここの歴史のはなはだ古いことを明らかにした。

さらに、一九三六年にベルリン・オリンピックが開催されたことが、以前から要望されていたオリンピアの第二次発掘の機縁となった。なにしろ肝腎のスタディオンが大部分深い土に覆われたままであるし、最大の建造物のレオニダイオンも掘りかけたままになっていた。かくして一九三七年から組織的な発掘がはじめられ、それは一九四二年、第二次大戦のために中絶したが、十年後に再開され、一九五八年をもって完了した。

この第二次の発掘は、スタディオンについて予期しない解明をもたらしたばかりでなく、そこからの出土品が大したものだった。青銅の製品だけで四千点といわれている。しかし、すでに述べたように、思いもかけぬ最大の珍品を出したのは、再調査された「フィディアスの仕事場」であった。

遺跡めぐり 1

オリンピアで競技のおこなわれた初期には、スタディオンはアルティスとよばれた神苑のなかにあったと推測されている。それはおそらく平坦な走路にすぎなかったろう。傍には野生のオリーヴの木立、ゼウスの簡素な木造の祠と祭壇。それが、紀元二世紀後半にパウサニアスが訪れたころまでに、たいへんな場所に変っていた。

神域のまわりには境界の塀がめぐらされていたが、これは神域を埋めつくした何千の立像の保存の意味もあったらしい。神殿のなかや数々の宝物殿には、無数の貴重な奉納品があった。神殿やその他の建築物にしても、「オリンピック縁起」にまつわるオイノマオスやペロプスのような伝説的英雄に関するものからネロの別荘にいたるまで、みな曰く因縁をもっている。パウサニアスは、ときどき「案内人の言うところでは」と誌しているが、いったい幾日かかって見物し、あのかなり詳細な記述をものしたのであろうか。

それにひきかえ、今日の遺跡には一つの立像もなく、当時の宝物殿は基礎をのこすのみである。しかし、永い歴史を秘めたこの遺跡を物語るとなると、われわれはその順序に迷ってしまう。というのは、古い建物と新しいもの、神殿と他の建物が、なんの秩序もなしに立ち並んでおり——そのことが正にオリンピアの歴史の永さを物語っているのだが——、地図の上の順路をたどるのがもっともよい順序ではないのである。だからわれわれは、たいして広くないアルティスを行きつ戻りつすることは覚悟して、年代の新旧も考慮に入れながら、重要なものから見てゆく方針にしよう。

主神ゼウスの神殿は、平坦な神域の南部を占め、主神殿たることを示すために盛り土で高めた上に建てられた。その大きさは長さ六十四

ゼウスの神殿

メートル、幅二十七メートルで、柱の高さは十メートルだったと計算されている。その石材は、この地方の目の粗い礫岩《れきがん》で大理石ではない。表面には漆喰《しっくい》が塗られていたらしい。

正面六本、側面十三本のドーリア式の柱をもつこのゼウスの神殿は、在来の通説では、四七〇年から四五六年の間にできたと推定されており、設計者はリボンというエリス人だったと伝えられる。

建造の資金には、エリス人が近隣のピサ人と戦って得た戦利品があてられたとパウサニアスは伝えている。ギリシア人は戦利品の十分の一を神への奉納にあてる習慣をもっていたが、こんな片田舎の戦利品では、全部を捧げても赤字になりそうである。それに平和なかに民族の統一を象徴したオリンピアの祭りの主神が、お膝元の戦争のお蔭で神殿を造られているのは、いささか皮肉である。

資金のことが心配になるのは、この内陣に鎮座したゼウス大神の黄金と象牙でできた巨像のためである。神殿の規模だけからいえば、ほかにもっと大きいものはあった。しかし、末期の人たちにとってオリンピアの「観光価値」を圧倒的に高めていたのは、アテネの名匠、いや今日の眼からみてもギリシア彫刻家の最大の巨匠であったフィディアスが、精魂

を込めてつくったゼウスの像であった。

ゼウス像の実物は、紀元四世紀末、異教禁断の後にコンスタンティノープルに持ち去られ、その後、火事で焼けてしまったらしい。今日では、ずっと後世のエリスの貨幣の図に、玉座に腰かけた像の全体と、頭部の横顔ののこっているのが唯一の手がかりだが、とにかくこの神像は、おなじ作者がアテネのパルテノン神殿のためにつくったアテナ女神像に、優るとも劣らぬものであった。アテナの像とこのゼウスの像とどちらがさきにつくられたかの年代論は、古くからの論争点であったが、「フィディアスの仕事場」からの出土品からクンツェ博士は、ゼウス像がのちで、巨匠の晩年の傑作と断定している。

ゼウスは、もともと印欧語族の人びとに共通の天空神であり、「雲を集め」たり「雷を下し」たりする神であった。もちろん、ギリシア人のあいだでは、そのほかにさまざまの属性がこの神々の王に帰せられ、そのなかには、人間の救済者としての神性もいちじるしい。神の崇高さ、尊厳と慈悲とが、この神像においてこの上なく見事に表現されていたことは、古代人のあいだでの非常な評判から察せられる。

オリーヴの枝の冠をつけ、長い髯をたくわえた大神は、水平に差しのべた右手にニケ（勝利の女神）の像をもち、左手には先端に鷲をつけた長い笏杖《しやくじよう》をついていた。御神体の露出部は、木製の像の上に象牙をかぶせ、衣の部分には薄い黄金を張ってあった。その玉座もたいへん手のこんだ彫刻で飾られ、パウサニアスは、珍しい石も鏤《ちりば》められていたと誌している。

この神像を古代においてとくに有名にした一つの理由は、それが人間の身体の七倍とか八倍とかの大きさにつくられ、像の全体は十四メートルくらいもあったことである。古代のある地誌家は、もしこの神が立ち上ったなら天井につかえただろうと誌している。神像の鎮座した内陣には、像の上の方をよく見ることのできるように二階のギャラリーまでついていた。

このゼウスの神殿の正面は東側にあり、小さな前室のつぎが内陣であったが、内陣のうしろは壁で仕切られ、後室は独立していて西側から出入りするようになっていた。この後室は、詩人や学者や評論家が、オリンピアの大祭に人が集まる機会をねらって自分の作品や意見を公開するのに絶好の場所となった。われわれは、いずれその実例をみるであろう。

ゼウスの祭壇

神域にはパウサニアスが誌しただけでも七十以上の祭壇があった。祭壇における供犠については後にふたたび述べるが、ここでは祭壇の代表として、ゼウスの大祭壇にのみ触れておこう。

ゼウスの大祭壇といえば、その浮彫りがヘレニズム時代の彫刻の代表として有名であり、「サタンの座」として聖書にあらわれる小アジアのペルガモンの大祭壇が想い出されるが、オリンピアのそれとこれとは大ちがいである。だいいち、ペルガモンのそれは今日でもベルリンの美術館に立派に陳列されているのに反し、オリンピアのは完全になくなってしまっている。異教信仰の象徴として、いちはやく毀《こわ》されてしまったのだろうが、かりにのこったとしても、美術的に問題になるものではなかった。むしろ、牧畜民の根性をまる出しにしたようなところにその面白さがある。

オリンピアのあらゆる建物のなかで、もっとも古いとさえいわれるこのゼウスの祭壇は、つぎに述べるヘラの神殿の東南隅の近くにあったと推測されている。

オリンピアというと競技のことだけが考えられがちであるが、実は、ここは古くから卜占の場所なのであった。それを世襲的に独占する二つの家系のこともわかっている。卜占の方法は、犠牲獣の皮の焼け具合によるものだった。ギリシア人の生活には、卜占のほか、雨が降り出すと凶、歩いている道のさきを猫が横ぎると凶といった具合に、前兆による縁起かつぎ、それから周知の神託といった、今日のわれわれからみては解《げ》しかねるものが強く支配していた。その点、他の古代民族とおなじであるが、卜占は、殺された家畜の肝臓の外観で判断する方法がひろまっていたように、供犠と結びついていた。

このゼウスの祭壇は、高さ約七メートル、下の台の周囲は約四十メートルと伝えられ、形はわからないが円形ではなかったかとの推定がある。

ここで大切なのは、獣を殺したり、切り刻んだりした下の台ではなくて、その腿を神に捧げて焼くための、狭義の祭壇である。それは石造ではなく、あとで述べるプリュタネイオンの炉の灰を春分のころにアルフェイオス川の水でこねた一種のセメントを使って、ここの供犠でできた灰を固めたものであった。灰が川の水で固まるというのは、日本人にはピンとこないだろうが、地中海地域の川は石灰分を含んでいることがあり、アルフェイオス川は春分ころにそれがいちじるしいのに気づいて使われたのであろう。

なお、この祭壇の上には男子しか登ってはならず、下の台には、未婚の娘ならいつでも登ってよかった。既婚の女性も平素はそこまで登れたが、競技のおこなわれるときはそれができなかった。このことはオリンピア大祭と競技のさいの女人禁制の問題と関係がある。

ヘラの神殿

ヘラは、いうまでもなく、ギリシア人がゼウスの妃と考えていた女神であるが、神域の入口に近いその神殿は、けっして大きいものではない。いまでもズングリと立つ二本の素朴な柱は、いかにも古くさく、田舎くさいが、事実、この神殿は前七世紀のもので、オリンピアにのこる最古の建造物であるばかりでなく、ギリシア神殿のもっとも古いものの一つとされている。

しかも、ゼウス神殿の場所には、もっと古い神殿のあった形跡がないのにたいして、ここにはさらに古い時代の神殿のあったことが推定されており、本来はゼウスとヘラの合祀の神殿だったとするのが有力な説である。

ヘラの神殿の石材は、貝がらを含む粗い礫岩だが、その外側を囲む正面六本、側面十六本の列柱の下の部分だけはよく残っているので、いろいろと精密な研究がおこなわれている。

ヘラ神殿

柱の高さは約五メートルで、ゼウス神殿のそれの半分しかなく、妙に細長い神殿全体のプランとともにこの神殿の古さを物語っている。とくに面白いのは、柱の太さが一メートルから一・二メートルの間で不揃いであり、また柱頭のこまかい形式その他が柱によってちがっていることである。それは、柱が同時につくられたものでないことを示している。

この珍しい事実から、学者はこの神殿の柱がもともとは木柱だったこと、それに長押《なげし》もまた木造だったので、柱が腐るにつれて一本一本石の柱に替えたものと結論している。事実、柱頭は数多く出土したが、長押にあたるものは出ていない。

ヘラの神殿の本尊像はヘラだけではなく、玉座についている女神の傍に髯のゼウスがヘルメットをかぶった姿で立っていたという。

しかし、この神殿は早くから、そこにある貴重な所蔵品や奉納品で参詣者をひきつけていた。古いものでは、オリンピック成立史に重大な関係があり、学者のあいだで議論の多い「イフィトスの円盤」があるが、これについては後にふれる。

また、コリントの有名な僭主キュプセロスが赤子のとき、そのなかに身を潜めて助かったという「キュプセロスの箱」なるものも奉納されていた。それは象牙と黄金とで数々の神話・伝説の場面を現わしており、パウサニアスは、感嘆して丹念にそれを記述している。かれも簡単には読めなかった個々の場面についていた説明文字の配列は、ギリシア人が「牛廻り式」（牛をつけた犂で耕作するときのやり方）とよび、パウサニアスがオリンピアにふさわしく「往復の競走のよう」と言っているものであった。この説明文字の書体からみて、この箱はかなり古いものであったろう。

しかし、われわれにとってもっとも大事なのは、パウサニアスが「プラクシテレスの、石でつくった、赤子のディオニュソスをあやすヘルメス」と、いとも簡単に述べている立像が、かれの記述のとおりの場所で出土していることである。それはいずれ博物館でゆっくり眺めることにしよう。

遺跡めぐり 2

オリンピアはポリスの中心市ではなかった。エリス地方は、前四七一年にエリスという中心市を設けて政治的に統一されたが、オリンピアはそれには直接の関係はなかった。しかし全民族的な神域であり、しかも四年目ごとに、きわめて重大な行事がおこなわれるのであるから、当然、オリンピアにはいろいろの役所が必要であった。

プリュタネイオン

神域の入口にもっとも近く、ヘラ神殿の西北にあった四角形の建物がプリュタネイオンである。プリュタネイオンとは、日本語にうまく訳せないが、要するに市役所と迎賓館をかねたようなもので、どこのポリスの中心市にもあったものである。系譜的には昔の王の王宮に遡るものであった。市の重い役人の役所で、民主政期のアテネの場合には、一部の評議員（プリュタネイス）の役所であった。そこの炉にはポリスの生命を象徴するように神聖な火が燃えつづけ、そこの火を使って犠牲獣が焼かれた。

オリンピアのプリュタネイオンの炉の灰が、ゼウスの大祭壇に使われたことはすでに述べた。ギリシア人がヘスティアとよんだ炉の構造は、遺跡ではまったくわからないが、四角形で、灰をためるための仕切りをもっていたらしい。全体の建物は三十二メートルの正方形であったが、その内部は年代によっていろいろに改造された。しかし南側の入口に近いヘスティアの間《ま》は不変であった。

このプリュタネイオンで仕事をしたのは、ここの諸神殿の神職たち、またさきにちょっと述べた卜占者たち、それに神殿管理の人たちなどであった。かれらは、犠牲獣のわけまえによってこのプリュタネイオンで会食したと思われ、また大祭の開催中、競技の審判員たちもその恩典にあずかったであろう。

一般のポリスでは、外国の使節とか名士とか、ポリスに恩恵を施した外国人にプリュタネイオンで御馳走を供するのがならわしで、アテネの民会の決議文などでも、表頌の決議文の末尾には「プリュタネイオンでの歓迎宴」の句がよく出てくる。

オリンピアの場合には、競技の優勝者たちが、競技終了後招かれて、生涯忘れられぬ感激の饗宴につらなったのがこのプリュタネイオンであり、その場所は、炉の奥の列柱で囲まれた広い部屋だったと推定されている。

プリュタネイオンには調理室が必要だったが、この建物の部屋の一つに正にそれにあたるものがあった。それは炉や引水の設備のあったことからわかるばかりでなく、薬罐や鍋や皿、ひしゃくといった料理道具がそこから多数出土したからである。その他、ここの地下深くから出た素朴な動物のブロンズ像や陶器片などにより、プリュタネイオンの歴史がはなはだ古いことがわかるが、現存の遺跡は大部分、前五世紀以後のものらしい。

評議会場

優勝者以外の大部分の競技参加者にとっては、プリュタネイオンは縁のないものだったが、かれらのすべてが競技の第一日に参集せねばならぬ場所があった。それは狭義の神域の外で、ゼウス神殿の南にあったブーレウテーリオン（評議会場）である。祭典の第一日に、ここで選手たちの宣誓がおこなわれた。

これはギリシアの建築としてはまことに珍しいものであった。中世の教会を思わせる半

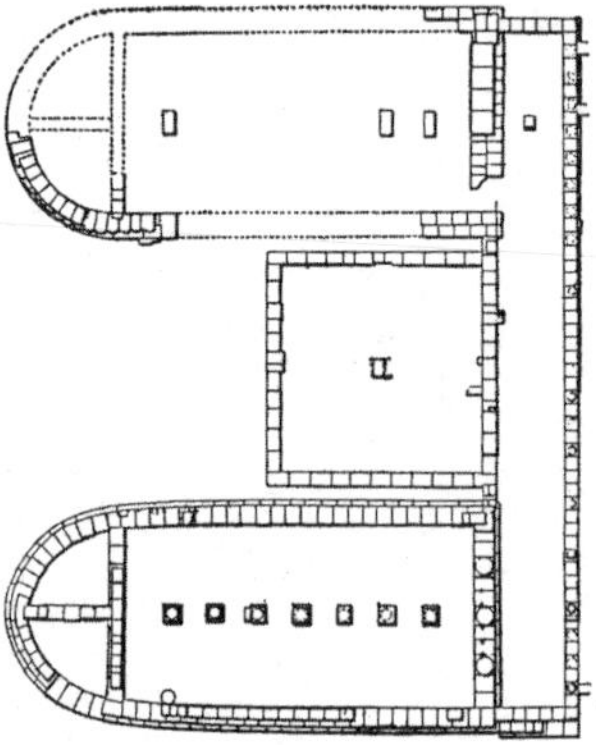

評議会場の平面図

円形の部屋を先端にもつ東西に長い建物が二つ離れて並行しており、この二つの翼の中間に別の正方形の建物があった。そしてこの三つの建物をつないでイオニア風の列柱が東側に二十七本あった。それは今日遺跡の礎石によってわかるのであるが、半円形の部屋という珍しい形式は、前五世紀より前のアーケイク時代のものとされている。

それに接続した細長い部屋には、中央部を縦に太い柱が七本立っていたことが明らかであり、会議室としてははなはだ不便なこの建築様式が、初期の神殿にみられることも指摘された。また、プリュタネイオンの場合と同じく、古いブロンズ製品がたくさん出土したことから、評議会場は六世紀に遡ると推定されている。

中央の四角の建物の中心には四角の台座がのこっており、そこに立像のあったことを示している。パウサニアスはこの建物についてはくわしく述べていないが、ここに「誓いのゼウス」の像があったとしており、この台座がその像をのせていたと考えるのは、穏当な推測であろう。パウサニアスは、さらに述べる。

「その像は両手に雷をもっており、競技者や、かれらの父親や兄弟や、また選手の師範たちは、切り刻まれた犠牲の豚を前にして、競技において不正をおこなわぬと宣誓するならわしであった。また選手たちは過去十カ月間規定どおりに練習をおこなった旨を誓った。また少年として登録された者の年齢や出場する馬を審査する者も正しく判定し、収賄することなく、また資格審査の決定についての秘密を洩らさないと誓う。……誓いの神の像の足もとには青銅板に詩句が書かれているが、それは偽誓者にたいして恐怖の念を起こさせるためのものである」

ここに「少年の資格を審査する者」とあるのは、十八歳以上の選手は「少年」の組に出てはならなかったからで、審査をしたのはヘラノディカイとよばれた競技の審判員であった。かれらは資格審査ばかりでなく、正しい審判をおこなうことをここで誓ったのである。

この評議会場で仕事をした評議員たちは、オリンピックについての組織委員でもあり、運営委員でもあって、また神域に立像を立てることの認可の権も握っていたが、委員会の構成やその選出法については一向にわからない。たしかなのは、それがギリシアのポリス全体から出た委員によって構成されたのではなくて、エリスがオリンピアの祭典の主催権を握ってからは、エリス人が委員を独占していたこと、またこの委員会はエリス市の評議会とは別のものであったことである。

列柱廊

評議会場のすぐ南側には、それと並行して、長さ七十八メートル、幅十一メートルのストア（列柱廊）の跡がある。四世紀以降の新しい建物である。

ストアはギリシア人の生活には不可欠のものであった。それは強い日射や雨をさけての散歩道であったし、政治や学芸を論じ、また雑談に時をすごす場所でもあった。それは商談の場でもあり、また学者が自説を公開する場にもなった。ストア学派というギリシアの哲学の一派の名は、キプロス生まれのゼノンが四世紀末にアテネに来て、あるストアで自説を講じたことに由来する。

このストアはオリンピックの際に、無数の観衆のための売店になったという説もある。しかし売店は、その前の、アルフェイオス川との間に屋台やテントが設けられたのであって、ストアは隣接する評議会場の附属物であり、オリンピックの委員たちや審判員たちが資格審査や競技番組の編成その他の打ち合わせに使ったとみる方がよさそうである。

以上でわれわれは、神苑の西側の方を南に向ってその外まで訪ねたことになる。

反響廊

神苑の東側、つまりスタディオンに背中合わせの側の南の端には、ローマのネロ帝がつくった別荘のあとがある。「皇帝ネロの」という文字の入った水道の鉛管が発掘されているから間違いはない。この紀元一世紀の暴君のためにすっかり毀されたけれども、ここにはもと、ドーリア風の柱をめぐらした、たぶん前五世紀に由来する建物があったことが礎石でわかっている。それは確証はないが、審判員のヘラノディカイたちが寝泊りしたところだったとみるのが通説である。

ネロの別荘の北には、百メートル近い長さをもつストアの跡がある。これは前四世紀のものであるが、壁画で飾られていたので絵画館とよばれた。しかし、この建物は声を七度も反響させるので「反響廊」の名で呼ばれるにいたった。

反響廊の北隅

前四世紀のはじめにケーリュックス（触れ役あるいは呼出し役）とラッパ手の競技がオリンピックに加わった。これはオリンピックの発展を意味するのではなくて、むしろ衰退、つまり人びとの体育競技への熱意の減退を物語ると解されているが、これらの競技が、この反響廊でおこなわれたと考える者もある。しかしパウサニアスは、そのような競技はその近くにある一つの祭壇の上でおこなわれるとしている。

とにかく、触れ役や呼出し役の競技は、ギリシア人の生活を背景にして考えてみると面白い。

今日の日本では相撲の呼出し役くらいしか連想できないが、ギリシアでは、それは生きたラウドスピーカーだった。晴天が多くて公共生活が野外でおこなわれることが多く、演劇まで露天の劇場でおこなわれ、役者の重要な資格の一つが大音声の持主であることだった世界である。ホーマーにも「五十人の声にあたるほどの青銅の声をもつ」ステントルという声の英雄が謳われている。

ポリスの市民が露天の民会議場に集まったばあい、立派な演説をするには相当の声量を必要としたであろう。逆にステントルほどの声でもとどかぬくらいの市民の数は、ポリスとしては多すぎるものであった。事実、声量の乏しさのゆえに政治生活を断念して、もっぱら政治評論の方に向ったアテネのイソクラテスのような人もある。しかし、一般のポリスの民会はまだよいとして、四万人などという観衆に拡声器なしでアナウンスするには相当の声量がいったであろう。

スタディオン

反響廊の尽きるところを右手に曲がれば、スタディオンへの選手の出入口になる。これは四・五メートルの高さをもち、長さ三十二メートルの石造のアーケードである。今日でもアーケードの一部がのこっているので、礎石ばかりの神域のなかでは眼につくものである。しかし時代は新しく、前一世紀の後半、ローマ皇帝アウグスツスによって、オリンピックにやや復興のきざしの出たときのものかとされている。

スタディオンの跡は、ごく一部だけが早く調査されていたが、四万平方メートルの広さが真っ平らに土で埋まっているので、前世紀の馬車による土運びではどうにもならなかった。ブルドーザーをつかった今度の発掘によって、ローマ時代の改修までいれると五つの発展段階を経ていたことが明らかになった。

第一は、六世紀以前にできたごく簡素なもの、つぎは、五世紀前半にさかのぼり、第一のよりかなり立派なもの。この、スタートとゴールの位置のよくわかる第二のスタディオンは、その後のに比して走路が狭く、しかもそれより八十メートルもゼウス神殿寄りにあり、その西端のゴールはわれわれがすでに見た反響廊の真下にあたっていた。

つぎの第三次のは、四世紀半ばにつくられ、オリンピアのスタディオンといえばこれから後のもののことであった。いま、われわれの目の前に掘り出され復原されているのがそれであり、座席は土のままであるが、南側の土手の中央低く、走路のすぐ上にだけ簡単な石造の遺構が見える。これ

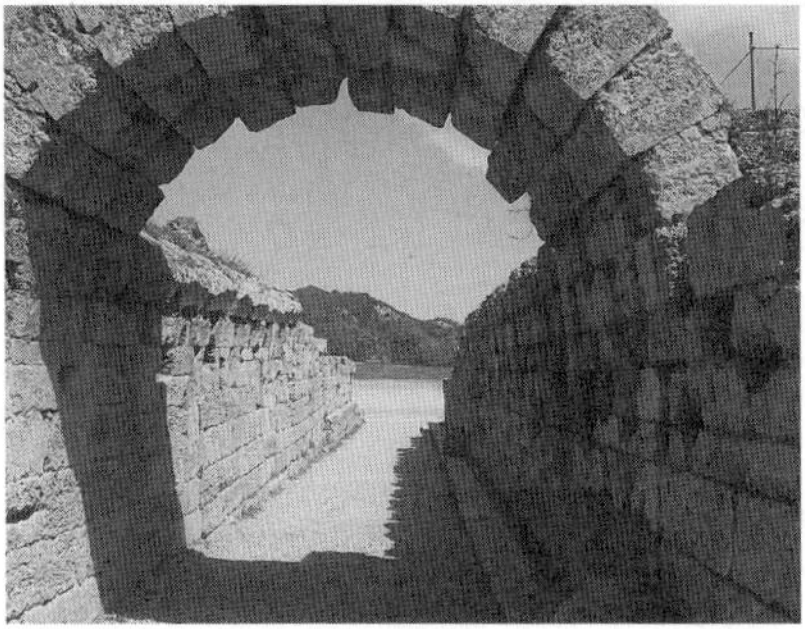
スタディオンへの選手の入場口

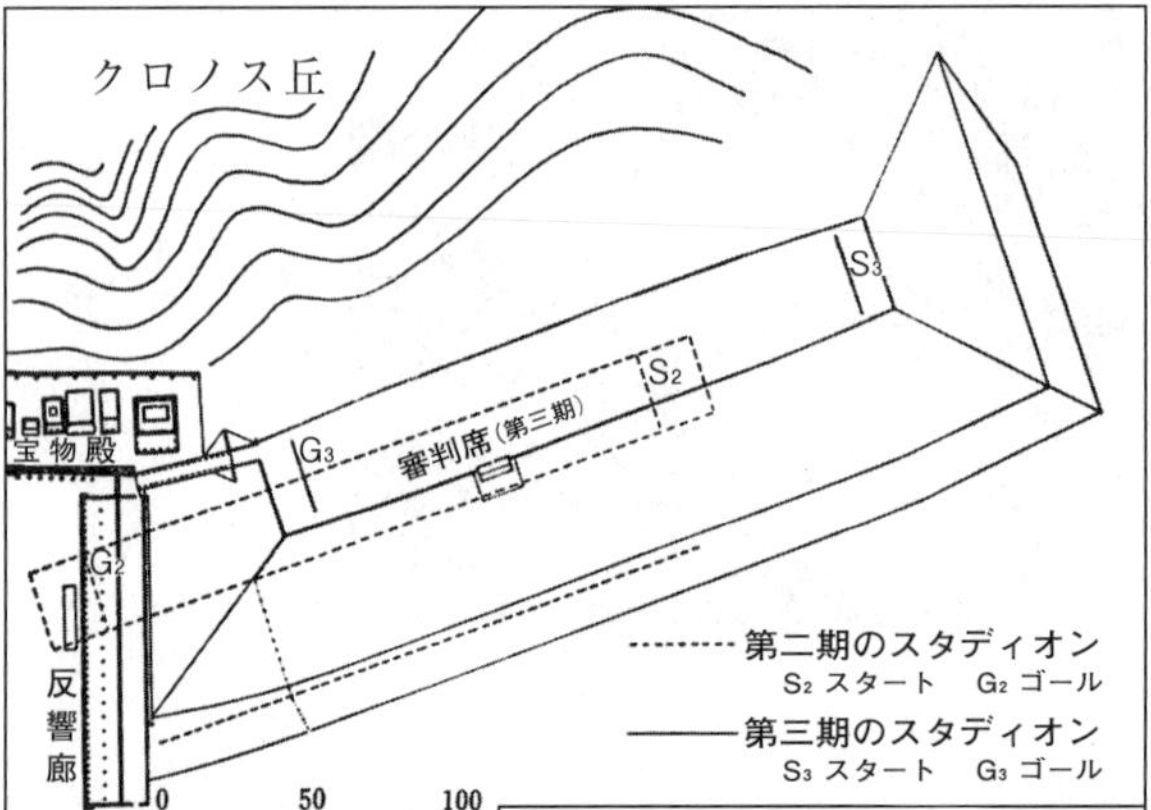

オリンピアのスタディオンの変遷

はヘラノディカイつまり審判員の席であって、今度はじめて明るみに出たものである。第四、第五の段階は、その後の、いわば改修にすぎず、特記する必要はない。

今度の発掘は、オリンピアのゼウス信仰殿と競技場、いいかえれば、ゼウス神と競技との関係について重大な知識をあたえた。

もっとも古い第一期のスタディオンの南側の低い土手だったところから、いろいろの奉納品、とくにさまざまな武器の奉納品が出土した。これらの奉納品はそこに奉納されていたものであり、つまり競技場は神域そのものだったのだ。その性格は前五世紀の前半まで、つまりピンダロスが優勝者たちへの有名な頌詩を歌い上げていた時代までつづいた。第二の段階まで、競技場は神苑のつづきだったからである。

ところが、四世紀半ばの大改造のとき、スタディオンはずっと神殿から遠くなり、あだかも神苑からの境界のように細長い反響廊がつくられたのであった。それは簡単にいえば、競技の世俗化にほかならなかった。

宝物殿

もとに戻って、クロノスの丘の麓沿いに西に向い、神苑の入口にとって返すことにしよう。この道の右手は丘の裾であるが、細長くて平らなテラスをなしており、そこにたくさんの建物が並んでいた跡がみられる。

これらは「宝庫」とよばれているものであり、「奉納品の蔵」で、オリンピアの遺跡のうちでは古い歴史をもっていて重要なものである。いままで大小さまざまの遺跡をみてきたが、それらのなかには末期のものが少なくないのにたいして、この宝物殿ばかりは全部オリンピアの本当の意味の盛時――それはオリンピックがその純粋性を失わぬ時代であった――のものである。

宝物殿は、単に奉納品の安置所であったばかりでなく、それをつくった個々のポリスの祭典への使節たちの宿泊する場所でもあった。

パウサニアスは、かれが見た奉納品についても誌しているが、それは案外に貧弱である。そして発掘の結果、宝物が出た様子もない。これを建てたポリスのなかには、その後まもなく滅びたり、荒廃したりしたものがあり、そうでないポリスの場合でも、建造当時の調子で奉納をつづけることはできなかったのである。

美術史・建築史の上では、発掘の結果出てきた、屋根や軒を飾った彩色テラコッタが重要な資料とされている。しかしオリンピアの歴史という点からみると、どんなポリスがいつごろ宝物殿をつくったかが一番大きな問題である。幸いに、その点はだいたいよくわかる。

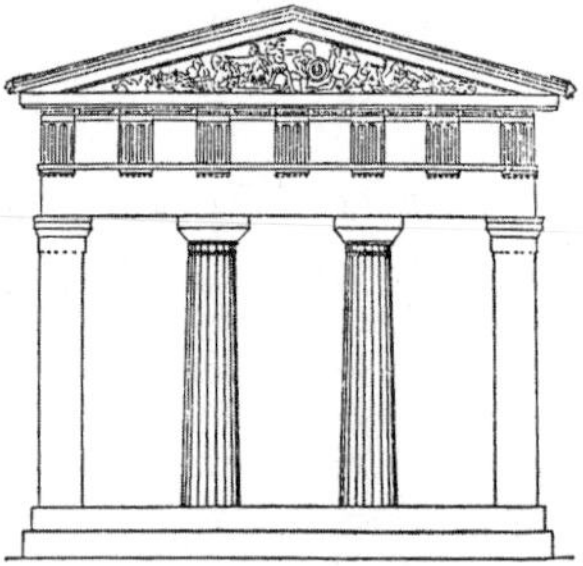
メガラの宝物殿の復原図（正面）

スタディオンの入口にもっとも近く、もっとも大きくて年代も古いゲラのそれ（前七世紀末）からはじめて、西に向って記せば、メガラの（六世紀初め）、メタポンティオンの（六世紀初め）、セリヌスの（五三〇年ころ）、キレネの（六世紀半ば）、シュバリスの（六世紀半ば）、ビュザンティオンの（六世紀半ば）、エピダムノスの（六世紀末葉）、シラクサの（四八〇—四七〇年）、シキュオンの（四八〇—四七〇年）となる。
これをみると、まず、アテネとかスパルタとかイオニアのミレトスとかいう、ギリシアのポリスのなかでもっとも有名なものがないことに気がつく。むしろ、あまり親しみのない地名が含まれている。

いまそれを地域別にみると、ビュザンティオンはいまのイスタンブールであり、メガラはアテネの西隣りのポリスである。シキュオンはコリントの西隣り、キレネはアフリカの北岸の有力なポリス、エピダムノスはアドリア海岸にあった。シュバリスとメタポンティオンは南イタリア、シラクサとゲラとセリヌスはシシリー島の植民市であった。メガラとシキュオンとを除くと、他はみな八世紀半ばごろにはじまる植民市建設によって海外につくられたポリスであり、オリンピアからみて西の方の植民市がオリンピアにたいして深い関心をもっていたことがわかるであろう。

また、ギリシア人をイオニア人とかドーリア人とか方言差によって分けた場合、ここにはイオニア諸市とかアテネとかの、言語学者のいう東方方言群のポリスはなくて、西方方言群に属するドーリア系のポリス（メガラとシキュオン）やそれからの植民市が圧倒的である。

イオニア人は、エーゲ海のデロスの小島のアポロンの神殿を中心に一つのまとまりをもっていた。中部ギリシアのデルフィのアポロン神殿は、アテネをも含めての中部・北部ギリシアの諸国の隣保同盟の中心であった。そして、前五世紀はじめのペルシア戦役以後、アテネを覇者としてデロス同盟ができ、アテネの隆昌とアテネ人の著作が現存ギリシア古典の圧倒的部分を占めるという事実から、われわれはとかくアテネを中心にものを考えやすい。

そうすると、たしかにオリンピアはギリシアのうちの「裏日本」で、僻遠の地ということになる。しかし、もっと大きく、地中海岸にひろく建設されたギリシア人の植民市をも含めて見渡したばあい、それはギリシア世界の中心の資格があったことは前に述べたとおりであり、その事実をこれらの宝庫が雄弁に物語っている。

ザーネス

スタディオンの入口からはじまり宝庫のテラスのすぐ下の道に沿って、十以上の四角い台座がのこっている。これは、エリス人がその方言でザーネスとよんでいたゼウスの銅像の台であるが、このゼウス像の由来は面白い。それらは競技で不正をおこなった者にたいして科せられた罰金でつくられたものなのである。

もっとも古いのは、第九八回オリンピック（前三八八年）にテッサリアのエウポロスなる者が、三人のボクシングの選手――その一人は小アジア海岸のハリカルナッソスの者で、前回のオリンピックでの優勝者だった――に贈賄したために建てられた六体で、もちろん四人とも科料に処せられた。


それらの像には詩句が誌されていた。一つには、

「オリンピックでの勝利は金力ではなく、足の速さと体力により得らるべし」

とあり、また別のには、

「この像は不正を企てる者への脅威たらん」

と読まれた。パウサニアスによると、そのつぎのは、第一一二回オリンピック（前三三二

年）でアテネのある五種競技選手が、競争相手たちに金を握らせたという違反の産物であった。この罰金に抗議するために、アテネ人は有名な政治家のヒュペリデスをエリスに送った。しかしエリス人が応じなかったため、アテネ人は憤って罰金を払わぬばかりかオリンピアの競技に選手を送らぬこととした。ところが――エリス人の依頼のためであろうが――デルフィのアポロンのお告げに、アテネ人が罰金を払わぬ間はかれらへの神託の求めには応じない、とあったのでアテネ人も折れて、これでザーネスはさらに六体ふえたという。これにも詩句がついていたが、それはこの事件の顚末をはじめ、さきのデルフィの託宣の文句とか、その他エウポロスのときのと同様にいやなことが書かれていた。

パウサニアスはザーネスと選手の不正には興味をもったらしく、いろいろと他の例を述べているが、オリンピックの永い歴史からみると、以上のべたような不正はきわめて稀だったようである。

母神殿

ザーネスの列の尽きたところ、宝庫の列に向い合って小さな神殿があった。メトローオンすなわち母神殿であり、ゼウスの母のレアと、それと「諸神混淆」により同一視された小アジア系の母神キュベレを祀っていた。

前四世紀にできたドーリア式の神殿で、今日の遺跡は大したものではない。そして、ゼウスの妃ヘラの場合もそうであるが、レア＝キュベレの女神信仰も、このオリンピアでは男神ゼウス信仰の根強さのまえに決して振わなかった。この東洋色を帯びた信仰が根をおろせなかったためであろうが、この神殿はローマ帝政のはじめに、帝政の創始者のアウグスツスの神殿になった。もちろんヘレニズム時代の後半から、ローマはギリシアにたいして「実力者」として振舞っていたが、帝国の統一者たるアウグスツスにたいし、民族の祭典の場において神殿を設けたというのは、ローマへの従属を天下に公示する行為であった。政治的従属は世人周知の事実であったが、ここには従属を超えたローマ帝室への阿諛《あゆ》すらあった。

発掘の結果、ここからはゼウスの姿をしたアウグスツスの大きな立像が出た。それは本尊として祀られ、その後幾人かの皇帝や帝室の婦人たちの像がこの小さな神殿をふさいでいた。そして出土した長押《なげし》の石には「エリス人ら神の子にして、ヘレネスと人の住む全世界の救済者たるカイサル・アウグスツスにこれを捧ぐ」の銘文が読まれる。

広からぬ道を距てて右手に立ち並ぶ宝物殿は、オリンピアの「古きよき時代」を象徴していた。それにたいして母神殿は、まさに末期の象徴であった。いやこの小神殿に納まり切らない、帝室の人たちの立像は、ゼウス神殿、ヘラ神殿に進出し、宝庫のなかにも立てられていた。

給水施設

ここまで来ると、さっき訪れたヘラ神殿の二本のどっしりした柱が、また松の木立の間に見えてくる。そこまでの間の右手、宝物殿の列のさきに、クロノスの丘の傾斜を切りとって何か造られた跡がある。これは神域の遺跡のうちもっとも末期のもので、ヘロデス・アッティクスというアテネ人が紀元二世紀の半ばにつくった給水の施設である。

ギリシアでは夏が乾燥期で秋から冬が雨期であることを、われわれはすでに知っている。夏は五月から十月に入るまで、ほとんど毎日晴天と思っていてさしつかえない。それゆえ、夏のオリンピックに何万という人数が集まった際の水不足の問題は、最大の悩みであった。

オリンピアは二つの川の合流点にあるけれども、飲める水ではない。そこでクラデオス川の途中によい水が湧くのを引いてきたり、井戸を掘ったり、古くから対策はおこなわれていたが、大祭での水不足は一向に改まらなかった。

この水不足問題を解決すれば、大祭ははるかに楽しくなるにちがいない。

そこに目をつけたのがアテネの大富豪ヘロデスであった。大地主で巨額の金を貸しつけていた家柄に生まれたかれは、文人としても知られるが、アテネのアクロポリスの下にオデイオン（音楽堂）を造ったり、スタディオンを石造にしたり、金に糸目をつけずに大土木工事をおこなった。

余談めくが、アテネのスタディアムは前四世紀に国家の力でつくられたが、改造は、デルフィのスタディアムと同様、ヘロデスの財力のおかげだった。デルフィのは今日そのままにのこっているが、大理石の座席でそれとは比較にならぬほど立派につくられたアテネのスタディアムは、クーベルタンの力で復興された近代オリンピックの第一回（アテネ、一八九六年）のときに、さらに手を加えられて使われている。

そんなわけで、ヘロデスにとって水道施設自体は大したことではなかった。三キロほどアルフェイオス川を遡った谷によい湧水が見つかったのを引いてきて、ここに立派な貯水所をつくったのであった。

パウサニアスは、これを見ているはずなのに誌していないが、発掘の結果から当時の様子を想像できる。

はなはだ遅まきながら、ヘロデスによって水の問題が大いに改善されたことはたしかであるが、しかしここの貯水所はただの貯水所ではなかった。それは下段の二十メートルを越す細長い水汲場と上段の半円形の水槽とからなっていたが、水汲場の両端はアテネ産の大理石を使った美しい円形建築で飾られた。そして出土した多数の台座によってローマ皇帝一族とヘロデスの一族の者の像が、上の水槽をかこんだ壁龕《へきがん》に立ち並んでいたことがわかった。手前の人目につきやすいところに大理石の牡牛の像があった。それは現在博物館でみられるが、それには、

「デメテルの女神官なるレギラ、この水と給水施設をゼウスに捧ぐ」

という奉献の辞がついている。レギラはヘロデスの妻であり、つまり表向きは妻の事業ということになっている。

オリンピアでは、デメテルの女神官はのちにみるように競技に関してたいへんな特権を

もっていた。女房がその名誉ある地位を得たのでお礼に水道を引いたのか、水道のお礼に夫人が女神官になったのか、その辺はどうでもよい。とにかく形の上ではこの美しい神泉はゼウス神に捧げられている。しかし、ローマの帝室と自家の一族の肖像を並べて人びとに誇示することによって、せっかくの善行がいやらしいものになってしまった。

物事の制度とか施設とかが整ったとき、その本来の精神はすでに失われている――史上しばしば繰り返されるこの悲しい真理を、オリンピアも免れなかった。

遺跡めぐり 3

これでクロノスの丘に沿う、神域の北部の見物は終ったが、このままでアルティスを去ったならば大事なものを見落としたことになる。

フィリッペイオン

ヘラ神殿の西、プリュタネイオンの南にあたって、円形の建物の基礎がある。そして一部には大理石の三層の踏段がのこっており、この建物が何か贅沢なものだったことを思わせる。

われわれは今さき、末期のオリンピアを物語る遺跡を見たばかりであるが、ゼウスの神苑としてのアルティスの異変は、実はこの円い建物によってはじまったのだった。パウサニアスによって、

「この建物がフィリッペイオンとよばれ、ギリシアがカイロネイアの戦いに敗れたのち

フィリップ王のために建てられ、フィリップやアレクサンダーや、フィリップの父のアミュンタス、アレクサンダーの母のオリンピアスなどの象牙と黄金でつくられた像があった」

ことを教えられる。今日の研究によると、この建物の屋根と階段にはエーゲ海のパロス島の大理石が使われ、周囲の十八本のイオニア式の柱は、緻密なポロス石に漆喰を塗って彩色されていた。そのなかには、マケドニア王族の像を安置した円形の部屋があり、全体の構造は美しい均衡を示していた。

前三三八年、マケドニア王フィリップ二世がアテネ、テーベの連合軍を破って、アテネ以下のポリスの反マケドニア派を沈黙させ、コリントにおいて「ヘレネスの連盟」、いわゆるコリント同盟を結成し、ここに――スパルタは抵抗をつづけたが――ギリシア本土のポリスがはじめて政治的に「統一」された。この大事業を成就したフィリップがオリンピアに目をつけたのは、きわめて自然である。

マケドニア人はギリシア人の後れた一派であると、今日では考えられている。その王家は早くにオリンピックに出場したりしており、ギリシア文化を尊重し、とり入れていた。しかし反マケドニア派のなかには、かれらをバルバロイすなわち異民族とけなすものがいたし、大衆のなかにもそう考える者は少なくなかったろう。とにかくマケドニア人がポリスという形での生活を知らなかったことは事実なのだから。

フィリッペイオンの跡

そのフィリップが、神苑入口の目抜きの場所にスマートな堂を建て、一族の立像をゼウスの像に似せて象牙と金を用い、当代の一流の彫刻家レオカレースにつくらせて並べたのであるから、人びとは否でも応でも時代の動きを感ぜざるをえなかったろう。

フィリップは前三三六年に暗殺されているから、これが完成したのはアレクサンダーの時代になってからだと推測され、またフィリップに離縁された女傑のオリンピアスの像が仲間入りしているのは、彼女を母とするアレクサンダーの孝心に出たとも言われる。

ところで、フィリッペイオンは、いったい神殿なのだろうか。神殿だとすると、フィリップは自分を神と認めたことになるが、そんなことは伝えられていない。だからこの建物は「フィリップ記念堂」くらいに考えておいたら無難であろう。事実、この美しい堂宇に感心する者は多かったろうが、神殿としてここに参詣する者はなかったらしい。

体育場とパレストラ

これで狭義の神域内の遺跡はだいたい訪ねたわけであるが、その西側に見なくてはならぬものがある。そのいちばん南のはレオニダイオンで、これはもうすんだが、それまでの間に、ドーリア式の柱がたくさん見えるし、その他にも大きな建物の土台と思われるものがつづいている。

神域の入口に近い北の方からいうと、いちばん手前にあるのがギムナシオンつまり体育場のあとで、そのさきの柱の立っているのがパレストラ、すなわちレスリングやボクシングのような力技の練習場であった。

こういう体育施設は、神殿や劇場や中心の広場のアゴラなどとともに、十分な意味のポリスはかならず備えていなければならぬものであったし、体育場は市民生活にとって、単にスポーツの場という以上の意味をもっていたことは後に述べるとおりである。しかし、オリンピアはポリスの中心市ではないのであるから、少数の神殿関係者は別として、市民たちがここで日常生活を送ったわけではなく、本来はかような施設は不必要だったわけである。それゆえ、これらの建物は、大祭のときに集まった選手たちが短い期間利用したもので、建造年代も新しい。

これらの建物は、練習後の水浴のために水が必要だったので、水を引きやすいクラデオス川に近いところにつくられていた。しかし、体育場は西側と北側とをこの川の洪水のとき押し流されてしまって今日はっきりせず、一方パレストラは、洪水の土砂で埋もれたためにかえってよく保存された。

体育場は中央に空地をもつ大きな四角形の建物で、空地はランニングや槍投げや円盤投げの練習場であった。空地のまわりには——四方ともか三方かはわからないが——列柱廊がめぐらされており、そのうち東側のが十二メートルという広い幅をもち重要であった。これはクスュストスとよばれた屋根つきのトラックで、酷熱や雨を避けてランニングの練習をする場所であった。その全長は二百十メートルあるが、スタディオンと同様にスタートとゴールの敷石をもち、その間の距離は、スタディオンのそれに合わせてつくられていた。床も土のままである。

ギムナシオン（体育場）の跡

この建物の年代は前二世紀ころで、つぎの世紀には、東南の角に列柱で飾られた立派な入口が設けられた。

パレストラは六十六メートル四方あり、列柱をめぐらした露天の練習場の四方の周囲には、中庭に向いて開いている部屋が連なっていた。それらのなかには、脱衣室や浴場や塗油室や、油や運動具の置場があった。エフェベイオンといって、若者たちのクラブのような部屋もあり、その他の室でも中庭側があいているのは、人と談笑しながら中庭での練習ぶりを眺められる仕組みであった。

学者たちを悩ましたのは、中庭の北にのこっている長さ二十四メートル、幅五メートル半のタイル敷きの部分であって、これが何の目的に使われたかは未だに不明である。建築年代は、列柱の柱頭の様式がドーリア、イオニア、コリントの三様式を混用し、そのほか、アジア風の自由な装飾を使っているところから前三世紀だろうとされている。

フィディアスの仕事場

パレストラの南の建物には、オリンピアに常住した神職者たち《テオコロイ》の住居（テオコレイオン）その他があるが、「フィディアスの仕事場」が、その出土品のゆえに特に重要である。

パウサニアスは「フィディアスの仕事場は、アルティスの外にあり、そこにはあらゆる神々への共通の一つの祭壇がある」と誌すのみである。反対説も出されたが、それは以前から、ビザンティン時代に教会に改造されたためによく保存された、大きくて堅牢な建物に比定されていた。

今度の発掘でここから出土した品々は、一つ一つは大したものではないが、それらのあ

フィディアスの仕事場の跡

たえる結論は実にすばらしい。発掘史の上でもこんなことはきわめて珍しいのではあるまいか。

結論をさきに言おう。最高の神像であったゼウスの像の製作に使われた道具類と材料の一部、それにつくりそこねとして捨てられた製作品が出土し、その上にフィディアス愛用の杯まで現われるというわけで、ここがフィディアスの仕事場だったことが確証されたばかりでなく、永遠に失われた傑作について、さまざまな事実が明らかになったのである。

もっとも重要なのは陶土でできた「打ち型」とでもよぶべきもので、無数の断片から六十組が復原された。それは形からいって鋳型ではなく、一つ一つ違ったその型は衣服の皺を表わしているらしい。

上：フィディアスの打ち型
下：フィディアスの鋳型とガラス製品

しかし陶製だから強く打つことはできない。

発掘者は、これこそ柔かい純金の薄片に形をあたえたもので、ゼウスの像の衣裳の製作に使われたにちがいないと推測した。そして、これを打つのに使われたと思われる青銅製のハンマーも出土した。さらに、この打ち型に現われた衣の皺の表現の柔かさと写実性から、ゼウス像をパルテノンのアテナ女神像（四三八年に完成）より前の製作とする説は誤りであって、フィディアスの最後の大作だったという重大な結論まで導かれている。

工房から出土した一種の陶器の様式によって、発掘者は、四三〇年代末から四二〇年代を製作年代とする。まえにのべた神殿建造の通説年代（四七〇年と四五六年の間）は、たいへんかけ離れているわけである。それをどう説明するにもせよ、とにかくこの仕事場で、あのゼウスの神像がつくられたことは、一点の疑いをいれないのである。

というのは、金と並んでたくさん使われたはずの象牙の破片――原料と加工された断片

――がいくつもの塊りとなって出ている。それに、そのころのギリシアではできなかったガラスが、それも透明のものが、ここで加工されたことも明らかである。原料はオリエントから輸入し、ここで溶かして装飾品をつくったもので、陶製の鋳型が前の打ち型と同じくらい出土した。

この鋳型は椰子の葉などを型どっているが、金箔とちがい、ガラスではできそこねらしい現物が出ている。パウサニアスは、さまざまの珍しい石が神像の装飾に使われたと誌しているが、そのなかにはガラスもあったであろう。ここから出た石片は黒曜石だけである。

その他、何に使ったのか、骨製の工具、それから、これも製作用具らしい銅の大釜、また、銅や鉛の加工された断片など、いろいろ出ているが、この辺できりあげて陽の高いうちに博物館に行こう。オリンピアまで来て博物館を見ないでは、パリを訪ねてルーヴルを見そこねたようなものだから。

オリンピア博物館

博物館は、クラデオス川をへだてて遺跡を見おろす小さな丘の上にある。

一八八六年、つまり第一期の発掘終了の五年後に、ギリシアの篤志家の寄附でできたものだが、私が最初に訪ねたときには耐震建築に改造中で、写真で一応おなじみの彫刻以外には陳列品も少なかった。一九六二年に再訪したときには、今度の発掘品の一部が陳列してあって、アテネの国立博物館などでは見られぬ面白さがあった。これほど小さくて中味の充実した博物館というものが、ほかにあるであろうか。

幾室もないから、どれから見てもよいけれども、さっきの話のつづきで、新しい出土品のある両側の側室をさきにしよう。

玄関にあるメトローオン出土のアウグスツスの像をはじめ、側室にはこれも前にふれたヘロデス・アッティクスの水槽の牡牛の像、私が一番面白かったのはあの仕事場から出た

フィディアスの杯の裏面

それにローマ帝室の人たちの彫像があるが、フィディアスの杯である。

それ自体は黒っぽくて芸術的にどうのこうのというべきものではないが、その日本流にいえば、茶椀の糸底にあたるところに刻まれている文句が、下に備えつけた鏡で見物人に読めるようにしてある。その文句は、

「私はフィディアスのものである」

と読まれる。杯に限らず人間のつくったものを、あだかも一個の人格のようにして「私」

と表現するのは、ギリシア人が好んでおこなったことで、珍しいことではないが、これを眺めているうちに、この杯で松脂入りのぶどう酒を酌みつつ完璧の神像の想を練ったフィディアスなる人が、どんな顔付きかもわからないのに、にわかに身近な人になった。

側室には、青銅製品がいろいろ陳列されている。それらは前九世紀から六世紀の古い時代の奉納品である。怪獣グリフィンの飾りをもつ大きな鼎《かなえ》、それに重装歩兵の兜《かぶと》、胸甲、脛当て、槍先、楯の一揃いが出ている。これはまえに述べたように、もっとも古いスタディオンの土手の奉納品の一つであろう。

ミルティアデスの奉納した兜。左下に「ミルティアデス」の名が見える

重装歩兵の密集隊戦術は前七〇〇年ころからギリシアに普及しはじめ、ポリスの盛時の中堅市民たちはこの武具の一揃いをわが家に備えていたのだが、これだけの武具を身につけて隊伍を乱さずに駆けるのは、たいへんなことだったろうと感心する。

さまざまな武具の奉納品のうちの白眉は、新出土のコリント風の頬まで覆う兜である。頭のところは欠損してしまっているが、よくのこった左頬の部分に「ミルティアデス」の文字がは

っきりと刻まれている。一族に他の同名者があるけれども、これが前四九〇年、マラトンの合戦に一万に足らぬアテネ市民の重装歩兵を指揮して雲霞のペルシア軍を打ち破った有名なミルティアデスの奉納品であることはまずまちがいがあるまい。ギリシア、ローマ時代の奉納品、奉献碑文なるものは何万点あるか知らないが、かの名将がかぶっていた兜だとすると、これはそのうちの第一位を占めてよい。

この博物館の主室は、ゼウス神殿の東西両側の切妻彫刻の陳列にあてられ、かなりよくのこった彫刻が、昔どおりに復原して配列されている。だからこの細長い室の長さは、ゼウス神殿の切妻の長さと同じである。地上二十メートル近くも高いところにあった群像を目の前にみることができるわ

ゼウス神殿の切妻浮彫り（東側）

けであるが、個々の像はパウサニアスの比較的正確な記事によって配列され、原作者の意図はよくわかる。

東側の、つまり神殿正面の切妻を飾っていたのは、あとで述べるように、オリンピアの古史、また競技の起源についての有名な伝説、オイノマオス王と若き英雄ペロプスとの戦車競走を題材としている。

中央の、三角形の切妻のもっとも幅のある部分には競走の審判者としてのゼウス神が立ち、その右左にオイノマオス、ペロプスが立つ。王の娘とか御者とか伝説の登場人物が左右対照に配され、つぎは四頭の馬をつないだ戦車がこれも左右に配されている。切妻の左右の端、つまりもっとも狭い部分には、中央に向って横臥した男があったが、パウサニアスの、これはアルフェイオス川とクラデオス川を表わすという説明は、異論もあるが正しいと思われる。ギリシア人が自然物の擬人化を好んだことはここに改めて説くまでもなく、ホメロス以降無数の例があるし、その姿勢は流水を表現したとみるともっともよくわかる。

西の切妻の題材は、オリンピアと直接の関係はない。ラピタイ族の王ペイリトオスの結婚披露の宴に招かれた半人半獣のケンタウロスたちが、酔ったあげくに花嫁を奪いにかかって乱闘になり、アテネの英雄テーセウスがラピタイ族に応援している場面である。ここでも中央を占めるのはアポロン神であると解されている。取っ組み合った人間と獣とは、ここでも左右に釣合いよく配されている。

パウサニアスは、この切妻彫刻の作者について、この同じ室に陳列されたニケ神像で有名なパイオニオスと、フィディアスの第一の弟子とされたアルカメネスとが、おのおの東と西のを引き受けたと伝えるが、今日これはかれの誤りとされている。彫刻の技巧からみると、裸体の人物の筋肉の表現には優れているが、衣裳などはずっと落ちる。

それで、神殿自体がエリス人リボンの設計であったように、これらの彫刻もこの土地の人たちの手になるのではないか、との推測が出されている。その理由として、男性の裸体の表現が他と不釣合いに優れている点が注目され、それはエリスの人たちがオリンピアの神域に奉納された競技優勝者の裸像によって目が肥えていたためというが、もっともなことである。

これらの彫刻では、感情の表現が極度に抑制されている。西の切妻において、ヘレニズム時代の彫刻とのちがいが素人の目にもよくわかるだろう。東のそれにしても、二人の英雄の競走の場面ではなくて、それの直前のところを描いているのはどういう意図であろうか。東と西に静と動とを対比したものか。あるいは細長い切妻の形が競走の場面に向かなかったのか。

それにしても、東の切妻についてのパウサニアスの記事は、ゼウスを中心とした左右の構図の均斉に作者の努力が向けられたことを教える。西の破風の乱闘の場面はその意味で一層面白い。パウサニアスはここでは人物の配置を詳しく教えないが、権威者による復原は、乱闘の図のなかに写実を離れた均斉とリズムをよく示している。技において未だ全からずとも、ゼウス神殿の切妻はギリシア古典美術の精神をよく体していたのである。

ゼウス神殿の東西の欄間の彫刻はヘラクレスの十二功業を浮彫りにしていた。そのなかの一つ「アウゲアスの牛小屋を掃除するヘラクレス」は、あとで触れるように、オリンピアに縁が深い。切妻と同様にやはり地元の作品らしいこれらの浮彫りの一部も、この部屋で見ることができる。

この部屋には神殿とは無関係の立像もある。

茶色のテラコッタ——高さは一メートル近かったか——は、一八七九年にゼウスの頭だけが出土し、一九五二年にいたるまで何度かに出た断片をつなぎ合わせ、だいたい完全な姿にもどしたものである。出土の場所はスタディオンの土手である。題材は美少年ガニュメーデースを奪い去るゼウスで、前四七〇年ころの作という。やはり奉納品だったわけだが、木彫、大理石、青銅のほかにギリシアでも初期にテラコッタの大きな立像がつくられ、しかも芸術的にも優れたもののあったことを教えた点で、この一点は貴重とされている。

ニケの像

この部屋ののこる一点は、美術史の本などでお馴染のニケ（勝利の女神）の像である。これはゼウス神殿から程遠からぬ、昔立っていたままの場所で発見された。もとは六メートルほどの台座の上に立っていたもので、神苑に立つ無数の立像のなかでも目につくものだったにちがいない。台石にのこる銘文は、つぎのように読まれる。

メッセニア人とナウパクトスの人びとはオリンピアのゼウスに、
戦利品の十分の一を捧ぐ。
メンデの人パイオニオスこれをつくる。

かれはまた神殿の棟飾りをつくりて優勝せり。

メッセニアはペロポネソス半島の西南部にあり、前八世紀後半いらい、東隣りのスパルタ人に征服され、住民はたびたびスパルタに対する大反乱を企てたが失敗した。五世紀の半ば近くの反乱ののち、亡命者たちがアテネの後援でコリント湾の北岸のナウパクトスに落ちついていた。

アテネとスパルタの間のペロポネソス戦争で、四二五年、アテネ軍がメッセニアでスパルタ側に勝利をえた事件があった。このときメッセニア人がアテネ側に加わってスパルタ人に復讐し、戦利品をえた喜びと感謝のゆえに奉納されたものであるが、スパルタ人への恐れから敵の名は銘文に附せられていない。

以上は、パウサニアスがメッセニア人の伝えとして述べているところであり、これが事実であって、並記されたパウサニアスの私見は誤りとするのが定説である。

若々しい女神が翼をひろげて長い裾をなびかせながら天空を舞いおりるところで惜しいことに女神の顔は欠けてなくなっているが、胸から下腹部の写実の技巧はすばらしい。美しい太腿まで薄い衣のまつわった有様は、裸の女神よりかえってセクシーですらある。メッセニア人のスパルタ人にたいする激しい憎悪と血みどろの闘争が、このように美しい女神像を生んだのだからおもしろい。

パイオニオスは、銘文でみずからをトラキア海岸のメンデの出身と誌すとともに、「神殿の棟飾りをつくって勝った」と誇っているが、アクロテーリオンという語を「棟飾り」と普通に訳してよいか、また「勝った」とは何かは、碑文の出土いらい、たちまち議論を巻き起こした。

主室を抜けた正面奥の暗い壁の一室には、この博物館の本尊ともいうべきプラクシテレスの「ディオニュソスをあやすヘルメス」が陳列されている。すでにのべたように、ヘラ神殿に安置されていたこの前四世紀のアテネの巨匠の作は、正にパウサニアスの誌した場所で一八七七年四月に、粘土に埋もれてうつ伏せた格好で発見され、発掘者たちを狂喜させた。

ギリシアの巨匠の作の唯一の確実な原作として――もちろん疑問説もないではないが――あまりに有名なこの作品については、いろいろと語る必要はないであろう。若者の肉体の美しさが、その姿の均斉や肉付きの節度ばかりでなく、磨き上げられた大理石の膚に活きている。この「膏を塗ったよう」と評される膚の色艶は、はるばるとオリンピアまで杖を曳いた者のみの味わいうるところであろう。そして、頭髪にかすかにのこる赤味の着色も。

Ⅱ　競技の誕生

伝説は語る

オリンピアの競技に関係の深い伝承は、競技優勝者への頌詩によって古代ギリシア一流の詩人として知られる、テーベ生まれのピンダロスが、前四七六年の二人の優勝者のためにつくった二篇の詩に、もっとも古い形でみられる。

その一つによると、エリス地方のピサの王のオイノマオスは、ヒッポダメイアという娘をもっていたが、娘に求婚する若者たちに自分と馬車で競走することを命じた。勝った者には娘をあたえる約束であったが、敗者はかれの槍先にかかって死なねばならなかった。オイノマオスはその駿馬のおかげですでに十三人の若者を殺し、かくして己の娘の結婚をひき延ばしたいというかれの目的を達していた。

これを伝えきいた小アジアのリディアのペロプスは、海神ポセイドンに祈って黄金の馬車と疲れを知らぬ名馬をあたえられ、ピサに渡って競走を申し出で、オイノマオスに勝ってヒッポダメイアを手に入れた。——

さらにピンダロスは、ペロプスの墓がオリンピアのゼウスの祭壇の近くにあり、それには毎年犠牲が捧げられて人が集まることを述べ、「ペロプスの競走路」をオリンピア祭典の名声と結びつけて歌っている。

ところで、おなじピンダロスは別の一篇で、競技の起源としてつぎのように語っている。ゼウスの息子の勇猛無双のヘラクレスは、エリス地方のエペイオイの王アウゲアスにたいして、かれがこの王のために奉仕したことへの報酬を求めたが、王は約束に反して応じなかった。これを怒ったヘラクレスは、ティリンスから部下どもをエリスに差し向けて王を攻めたが、部下は王の甥たち二人のために却って敗れた。そこでかれは、アルゴスの近くの道ばたで二人を待ち伏せして殺し、その後、アウゲアスの王国を攻撃し、この尊大・不信の敵を滅ぼした。

勝利の後ヘラクレスは、部下をピサに集め、また戦利品をここに移し、ゼウスのために神域を定めた。かくして、犠牲をささげて戦利品を部下に分かち、四年ごとのゼウスの祭典をはじめ、それにともなう競技をペロプスの古い墓の傍に催した、と。

ピンダロスの詩も、絢爛たる話の筋だけを引き抜くと右のような簡単なものであるが、実際にはこの二つの伝承は永い歴史をもち、かの詩人の時代までに、これよりもっとくわしくおもしろく語られていたと考えてよかろう。われわれがすでに見たゼウス神殿の東の切妻の群像は、オイノマオスとペロプスの競走の伝説を表わしていたが、そこにはピンダロスの詩には歌われれぬ人物が刻まれている。

パウサニアスによれば、ミュルティロスという王の御者、またステロペーというオイノマオスの妃がいるし、さらに、今日の学者が、オイノマオスの死を予見して悲しんでいる、と解する老人もいる。そしてこのミュルティロスは王の御者でありながら、ペロプスに買収されて、王の馬車の軸の留め金を抜いて車を顚覆させたと伝えられる。

ヘラクレスのアウゲアス殺害の由来についても、同様に、もっとくわしい伝承が成立していた。アウゲアスへの奉仕と上に述べたのは、この英雄の十二功業の一つである、アウゲアスの家畜小屋の山のような糞を清掃するという、はなはだ詩的ならざる仕事であった。アウゲアスはお礼を約束しながら、あとでヘラクレスの労働が他人に命令されておこなわれていることを知り、約束に背き、ついに身を滅ぼした、ということになっている。

そして、この清掃事業の話も早くから生まれていたことは、これもさきに見たように、ヘラクレスの十二功業を題材にしたゼウス神殿の欄間の浮彫りの一つに明らかである。それは破損がはなはだしいが、ヘラクレスが箒をもって掃除をしている姿だろう、と解されている。

周知のようにギリシア人は、伝説に尾鰭をつけて話を面白くすることにかけては天才であった。尾鰭ばかりではない。大勢の神々があり、無数の英雄がいるのだから、それらを勝手に登場させて話をつくっている。それゆえ、オリンピアの競技のように古い歴史をもち、全民族的な関心の集まったものについて、いろいろ勝手な話が生まれたのはいうまでもない。

それは単に詩人の空想の産物ばかりではなく、後に述べる競技の主催権をめぐる争いのなかで、争っている双方が自分に都合のよいように作為した跡すら示している。われわれはいま、それらの一つ一つに立ち入る余裕はないから、オリンピックの起源といえばいつも引合いに出される、ピンダロスの歌ったさきの二つの伝承に限って考えてみることにする。

「ペロプスの競走路」の句はみえるが、ペロプスがオリンピアの競技をはじめたとは言われていない。そして、ヘラクレスのはじめた競技は、「ペロプスの古い墓の傍で」おこなわれたのであるから、詩人の頭のなかで二つの伝承は決して矛盾してはいなかったであろう。

ペロプスはヘラクレスより古いものとされている。そのオイノマオスとの競技の話は、古い起源のものと考えてよい。御者を買収して勝った、という、後世のオリンピックの精神にまったく反する伝承がいつから生まれたかは問わないこととするが、オリンピアとペロプスとの古い結びつきは、ゼウス神殿とヘラ神殿の間にあったペロピオン（ペロプスの社《やしろ》）でわかる。
今日では、そのごく一部しかわからないが、これは不規則な五角形の石垣をめぐらした広い区域で、なかには木立ちが茂り、立像があった。また祭壇があって黒い雄羊をささげる習わしだったが、この犠牲獣の肉を食べた者はゼウスの神殿に入ることを許されなかった。パウサニアスはこのように誌し、エリス人はペロプスをあらゆる英雄のうちでもっとも尊崇すると附記している。今日の遺構は六世紀とか五世紀後半のものと考えられているが、そこにはおそらく前二千年紀の後半の、英雄の祠または塚らしいものが発見されている。

そのほか、ヒッポダメイアの墓とかオイノマオスの宮殿の柱とか称するものも神苑のなかにあったが、これらは今日跡かたもなくなった。

まえの章で、神苑の遺跡めぐりをした際に、ペロピオンなどのペロプス関係のものはあとに廻して、ここで触れることにしたのであったが、ピンダロスの詩を読んだ読者は、私の遺跡の説明と思い合わせて、一つの奇妙な事実に気づかれたにちがいない。つまり、祭典と競技の創始者としてゼウスについで尊崇され、したがって古くから大きな社、あるいは陵でも廟でもよいが、何かあってしかるべきヘラクレスの記念物が何もないのである。したがってヘラクレスへのきまった宗教行事もない。

ヘラクレスという怪力の英雄は、十二功業でもわかるようにギリシアのいたるところに現われるが、伝説の上でのその本拠はミケーネ、ティリンスのあったアルゴリス地方だとされている。さっきのピンダロスの詩のなかでも、かれの部下はティリンスから来ている。ヘラクレスの伝説が生まれるについては、ミケーネ時代にその原型をあたえた英雄がいた、とはスウェーデンの大学者ニルソンの考えたところであるが、そういうことの論議はここでは必要ではない。そしてヘラクレスについては、かの英雄が体力において衆にぬきんでていたと考えられたから体育競技の創始者とされるには最適任だった、ということ以上に深く追究する必要はなさそうである。

しかし小アジアから来たというペロプスの正体、それにオリンピアではなくてピサの王とかれが争ったということ、これらは説明を要するし、また重要な問題を含んでいる。そして、オリンピアの起源、祭典の起源、競技の起源、そしてわれわれが古代オリンピックとして考えるものの起源は、一応わけて考察されなければならない。

それは実は大変な仕事である。考古学、神話学、民俗学、言語学が早くから動員された。しかし万人を承服させる定説などは生まれていない。そのうえ、ヒッタイト文書の解読、さらに最近のミケーネ時代文書の解読は、十九世紀のドイツを中心に流行した古伝承へのやたらな不信とその「合理的説明」を動揺させており、しかもまだ決定的な結論を許すだけの材料はでていない。以下誌すところが、ピンダロスの詩のように明快でないことは、あらかじめ覚悟していただかねばならない。

ミケーネ時代

紀元前一一〇〇年ころより以前のギリシアにあっては、ペロポネソス半島の東部、アルゴリス地方のミケーネの王城を中心に、エーゲ文明の影響を受けた特有の文明が栄え、前世紀の後半に、シュリーマンの発掘によりそれがはじめて明るみにでたことは、あらためて説くまでもなかろう。

ミケーネのほかでは、ペロポネソスのスパルタ、それからオリンピアの南のメッセニアのピュロス、中部ギリシアではテーベとオルコメノスなどがミケーネ時代の文化の中心で、それらは伝説と遺跡と出土品が一致して実証している。そのほかにも、伝説や出土品でミケーネ文化の波及を思わせるところは数えきれぬほどわかっている。

ではオリンピアはどうであろうか。

ミケーネ時代を考える場合、なんといっても、最も古い文献としてホメロスの叙事詩のイリアッドとオディッセイがすぐ問題になる。それが今日の形にでき上ったのは前七五〇年ころよりあととするのが今日の有力説であるが、そのなかに、ミケーネ時代からの口頭伝承によって、古い知識がたくさん盛り込まれていることも今日認められている。トロヤ戦役の史実性については、今日でも否定的な学者がないでもないが、史実だと考えさせることがますます明らかになりつつある。そしてこのトロヤへ出征したギリシア軍船の表なるものが、イリアッドの第二巻にあって、各地の送った船の数や兵士を率いた英雄たち、またかれらの故郷の町などがこまごまと歌われている。

この歴史学にとってはなはだ貴重な部分が、ミケーネ時代からの伝承にもとづくもので、詩人の作りごとではない、という見解は今日定説に近いが、そのなかにエリス地方からの軍のことは簡単ながら記されているものの、オリンピアやピサの名はでてこない。ただエペイオイという住民が大勢船に乗りこんだ、とされている。

このエペイオイという人たちは、イリアッドの十一巻にもっと詳しくでてくる。そこではピュロスから来た長老ネストルが、かれの若いころの功業として、アルフェイオス川の附近でエペイオイにたいして武勲をたてた次第が語られている。しかし二、三の地名が出ているのに、やはりオリンピアはでてこない。ただこの話によって、だいたいアルフェイオス川までが南のミケーネ文化の一中心ピュロスの勢力の及びえたところで、その北にはエペイオイという連中がいて敵対していたことがわかる。

このように、ホメロスはオリンピアの起源については一向に役に立たなかった。では、考古学はどうであろうか。

今世紀はじめに神域でおこなわれた調査は、ヘラ神殿の東側のところに前二千年紀前半ころまで遡る先史の居住址を明るみにだした。しかしそこでは、ミケーネ文化の波及はほとんどないにひとしく、出土の陶器は北方のバルカン方面のそれと親近性を示している。

それはホメロスの詩に現われないことと符節を合わせる事実である。

ただピュロス王宮出土文書のなかに、この王宮の最後の年、すなわち前一二〇〇年ごろ、王宮の防衛のために沿岸に配置された部隊の内容を記録した、いわゆる「軍事文書」なるものがある。ヴェントリスの解読にしたがえば、そのなかにu-ru-pi-ja-joと読まれる人びとがあり、これはUlympiaioiすなわちOlympiaioiで、「オリンピアの人びと」と解することができる。しかしこの名前の類似以上のことを汲みとろうとしても無理であり、かりにそれがのちのオリンピアの地名と関係があるにしても、現在までの考古学の教えるところを覆すことはできない。

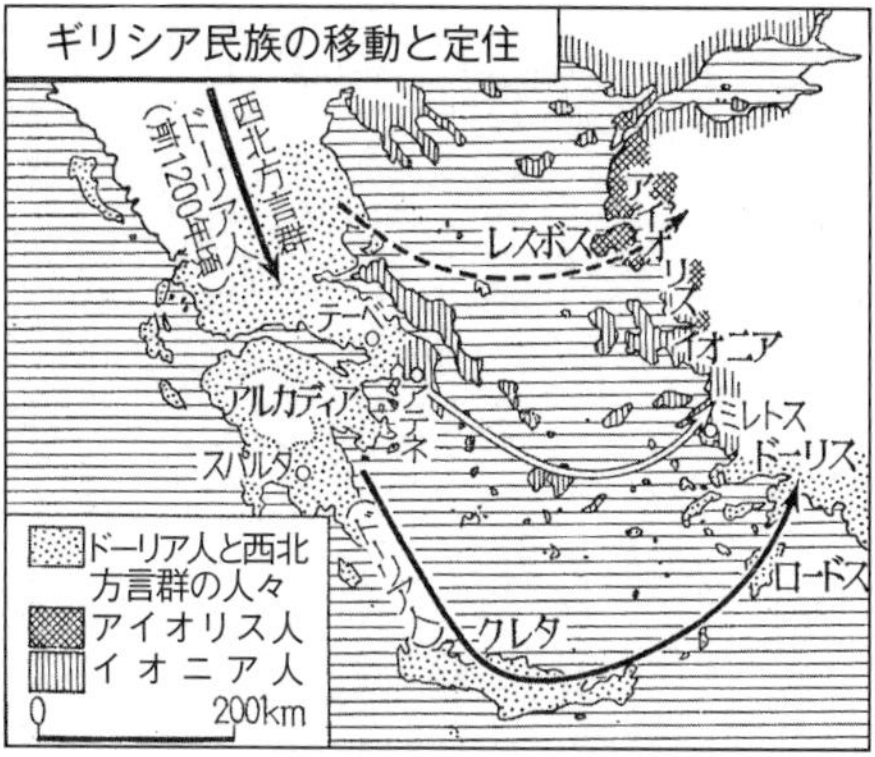

このミケーネ時代が、前一二〇〇年ごろからはじまるギリシア人の南下の第二の波によって終り、アルカディアの山地を除いては、ドーリア人やそれに方言的に親近の「西北方言群」の人びとにより占拠され、ギリシア史のいわゆる「暗黒時代」がはじまる。

古典期（前五、四世紀）以降オリンピアの祭典と競技の主催権を完全に独占したエリス人が、このとき南下して来た侵入者で、コリント湾の北に留まったアイトリア人と同じ系統であったことは、その方言からも伝説からも疑いを容れない。のちにオリンピアの主人のようになったエリス人は、この地方への最後の侵入者だったわけである。しかし、エリス人がオリンピアの祭典を完全に自分たちの手中に収めるまでには、ピサの人たちとながい抗争をつづけねばならなかった。

ピサと、そこの王オイノマオスを仆《たお》して王位についたというペロプス、これがオリンピア史の最大の難問である。

ギリシア史は後世のきわめて豊富な金石文史料に恵まれ、方言研究が高度に発達しているから、ミケーネ時代から第二次の南下を経て最終的定着にいたる間のギリシア人のさまざまのグループの移動を、かなりよく推論することができる。その点は、こんな古い時代について世界に類例がないと思われるほど恵まれている。エリス人の侵入の新しさはこれにより確証されるよい例であるが、ペロプスの方は今世紀（二十世紀）の学問の進歩によってかえって解答困難に陥った一つの例であろう。

まず「ピサ」という地名について考えてみよう。

ピサはオリンピアの東の方、アルカディアの山地にいたる幾つかの集落を含む地域の意味でもあったが、その集落の一つにピサというのがあったか否かは古代から問題であった。

パウサニアスはオリンピアについて、たいへんな紙数を費して詳述したのちに、アルフェイオスを遡ってピサの地域を実地調査したらしい。そこには、ヒッポダメイアに求婚して非業の死を遂げた若者たちの合同墓地や、ペロプスの骨を納めたという建物があったが、肝腎のピサには「建物も城壁の跡もなく、そこは一面のぶどう畑になっていた。」

パウサニアスより二百年ほど前のストラボンの地誌においても、ピサの地域に八村があったとしているが、ピサの遺跡については語っていない。エリス人との戦いに敗れて完全に破壊されてしまったのであろうか。とにかくそこにはミケーネやピュロスのような、こわすのもたいへんな「王宮」などはなかったと考えてよいであろう。

あったとすれば、中心のピサの集落は、オリンピアから遠くはなかったにちがいない。ミケーネ時代のアルフェイオスの北側の住民がエペイオイであったことを、われわれはすでにホメロスによって知っている。しかしピサ一帯の住民とエペイオイとの関係については、何もわからない。オリンピアの神域で掘り出された先史住居址からも、ピサ人について結論することはできないようだ。ただ、オリンピアがピサ人の地域のなかにあり、そこは早くから人の住んだ場所であるとすると、ここが早くから一つの信仰の中心であったことが考えられる。あるいは、この神の祭りが村々を結合していた、と言ってもよかろう。

ミケーネ時代には、文化の中心地においても神殿建築といえるものはなかった。われわれに親しいギリシアの神殿なるものは、暗黒の時代をへてポリスが成立してきたときに生まれたものである。もちろんミケーネ時代にも、王宮のなかに神を祀る部屋があったし、野外にも祠や祭壇はあったが、それは神殿ではない。

最古のオリンピアでも同様だったであろう。そのころからすでに「神聖な野生のオリーヴ」、のちにその小枝で優勝者の栄冠がつくられた樹の祖先があったかもしれない。その他に石と灰でできた祭壇もあったであろう。後世オリンピアの神苑の中心に太古の伝統を伝えて灰を塗りかためた祭壇の先駆である。

後世の祭壇はみな石製で、灰製の祭壇はきわめて珍しいものだった。ところでオリンピアの祭壇は、ピンダロスの詩句のなかに「卜占の祭壇」とよばれ、事実オリンピアには、イアミダイ、クリュティアダイという卜占・予言を専門とする世襲の神職の家柄があった。それがピサ支配の時代からつづいたものか、それともエリス人の侵入以後のものかは、今日決定できないけれども、ここが最初からゼウス神への犠牲にともなう卜占の場所として知られたことが推測できる。

アルカディアの高原に通ずるアルフェイオス川沿いの道と、ペロポネソス半島西岸を走る交通路の交叉点にあったオリンピアは、人びとの素朴な信仰に支えられて、まず卜占の地として近隣に知られた。ピンダロスは、かれのころのゼウスの祭壇を「よそ人のもっとも多く訪れる」と形容し、パウサニアスは祭典以外のときにも私人の供犠が絶えないと誌しているが、最古の時代から、来る人びとの範囲こそ狭くとも、それは同じだったであろう。

ペロプスの謎

問題は、オリンピアと深く結びついて伝えられるペロプスである。

それは、「オイノマオスとペロプスとの競走」あるいはそれについての伝説が、オリンピック競技の起源になったか否かにあるのではない。のちに述べるが、それについては、はっきりノーと答えることができる。もっともわからないのは、神苑の中心部のペロピオンという、いかにも古い歴史を秘めていそうな社にその名を遺した英雄の正体である。後世の作りごとは別として、五世紀以前の文献に現われたところを見れば——、

ホメロスでは、トロヤ攻囲軍の総大将ミケーネ王アガメムノンの手にする王笏は、鍛冶の神ヘファイストスのつくったものだが、ゼウスからヘルメスに渡り、それから「馬に鞭打つペロプス」の手に帰し、それから父アトレウスの手を経てアガメムノンが現在の持ち主である。王笏の授受が家系を物語るとすると、ペロプスはミケーネ文明の最大の中心であるミケーネの王家につながるということになろう。

ところで、ピンダロスはペロプスを、小アジア西部のリディアから来てオイノマオスに挑戦したと歌い、同じ世紀のアテネの史家ツキディデスも、トロヤ戦争の史実性と同様にペロプスが「アジアから来た」ことを信じて疑わない。

ツキディデスがペロポネソスの歴史を、「父祖伝来の話として、もっとも正確に知っている者」の説として誌しているところでは、ペロプスはアジアから多くの財宝をもってギリシアの貧しい人々の間に渡って来、そこで人気をえてペロポネソス（「ペロプスの島」）という地名も生まれたとされており、かれの子アトレウスがミケーネの王位に即いた次第も詳細に述べられている。

学者たちはいままで、この伝承にたいしては批判的態度、いやまったく無視する立場をとった。そして、ペロプスはペロポネソスでギリシア人以前から尊崇された神格、神話学でいう「神々の葛藤」によりゼウスに敗れ、英雄の位置に顚落《てんらく》した古い神とする考えが有力だった。あるいは、ペロペスという——まったく史料的に証明されない——種族の名祖として考え出された個人名とする合理的な仮説も出された。

ところで、今日の学界の大勢は、十九世紀いらいの伝承不信の傾向にとっては不利である。

それについて、ここで深く立ち入ることはできないが、トロヤ戦役に活躍する英雄の名、アキレウス以下何十人の名や、さまざまな伝説に彩られたアテネの英雄テセウスの名が、解読されたミケーネ時代文書に普通の人名として現われている。一方、小アジアのヒッタイトの王宮から出た文書の研究は、トロヤ戦役（前十三世紀後半におかれる）の前後におけるヒッタイト勢力圏の小アジア西岸へのギリシア人の進出、またギリシア人の王国アッヒアヴァ（「アカイア人の王国」）とヒッタイト王朝との交渉の事実を明らかにした。一つの文書は、ギリシアの王族がヒッタイト王庭で王の馬丁とともに馬車を乗りまわしたことを誌している。そしてオイノマオスの裏切り者の御者はミルティロスと伝えられるが、この名は前十四世紀末のヒッタイト王ムルシリシュの名の系統と考えうる。そしてホメロスは、競走のことは語らないが、ペロプスを「馬に鞭うつ」者として伝え、これは戦車の使用が早く発達していた小アジアの生まれというのに合致するだろう（因みに、この時代には騎馬はまだほとんどおこなわれなかったと考えてよい）。それに、ヒッタイト文書は、ヒッタイト帝国からアッヒアヴァの王国に亡命した重臣のことも述べている。

ところでツキディデスは、ペロプスの子孫のペロピダイ（ペロプス家）がミケーネを支配したことを伝えている。

ヒッタイト文書に出るアッヒアヴァ王国をミケーネ王国と考える理由は十分あるので、ペロプスがミケーネに来て王朝をひらいたというのならわかりやすいが、当時としてはまったく後進・僻遠のところだったピサ、したがってオリンピアに来たという点、そしてかれ自身の足跡は伝承ではオリンピアの一地点に限られている点、そのうえ、われわれがすでに見たように、考古学的にオリンピアからは当時のミケーネ文化の系統のものがまったく出ていない点、ここに何とも解き難い謎がある。

伝承をそのまま信じてリディア人にせよ、フリュギア人にせよ、ヒッタイト人にせよ、一人の実在人物がピサに落ちついて王となったと考える学者もないではない。

今後驚くべき発見によって伝承が実証されることがないとは言えないであろう。史料がないということからの推論が、その後の発見により覆された例が少なくないからである。

しかしホメロスにオリンピアやピサのことがまったく誌されていないこと、また今日までの発掘でミケーネ時代の出土品のないことを重視すれば、伝承そのままの承認には踏み切れない。ツキディデスにおいても、ペロプスのアジアからの渡来は信じられているが、オリンピア云々のことはない。一方、ミケーネ時代のエーゲ海を距てての交渉は事実らしい。そうすると、ミケーネの王朝に結びつけられたアジア系のペロプスを、さらにピサに結びつける試みが、早い時期におこなわれた、という仮説も考えられるのではないだろうか。

ヘラクレスをオリンピア競技に結びつけた伝承は、最後に侵入して主催権を握ろうとしたエリス人によって生まれたとの説がある。事実、後世の伝説では、エリス人の作為とピサ人の作為とがはっきりつかめるのである。もし、それからの類推が許されるならば、エリス、ピサの争いのもっとも古い時代にエリスがヘラクレスをかついだのにたいして、ミケーネ時代からの先住民が、ミケーネ時代の最強国の王朝に結びついた人物を持ち出して対抗したのだ、と考えうるかもしれない。

しかし、ヘラクレスの遺跡がないのにたいして、ペロプス関係のそれがオリンピア、ピサに多く見出される事実、ペロプスの足跡が他所に伝えられない事実、これがこの仮説の大きな難点である。ただペロプスの子孫がピサに伝えられぬこと、コリント地峡をゴールにしたオイノマオスとペロプスの競走は、本来ペロポネソス半島東北部にふさわしいことも考えねばなるまい。

けっきょくペロプスは、今日では一つの謎にとどまる。しかし競技の起源については、ペロプスの墓前競技とか、英雄ペロプスの祭りから生まれたとか考える必要はないと思う。伝説の戦車競走は、王位の継承の手続きとか、婿えらびの形式といった民俗学的な研究には資料となるかもしれない。しかしそれは、われわれの考えるオリンピック競技とは、「競走」以上のつながりをもつものではなかった。

祭りと競技

後世のオリンピアの競技が、四年ごとに開かれるゼウス神の祭典にともなうものだったことは、誰でも知っている。しかし競技の起源論となると、専門家の意見はひどく対立している。

簡単にいうと、葬送の、あるいは日本流の表現なら供養の競技から起こったとみる有力な説にたいして、はじめからゼウスの祭典にともなったとする意見があり、私はあとの説の方が正しいと思う。

まず祭りであるが、天空神ゼウスの祭壇と卜占とがピサ人のときからあったとすると、そこに、あるきまった時機に祭りがおこなわれたことは容易に想像できる。年に一回というのがもっとも自然のやり方であろう。

ところが、古代のオリンピックは夏、それも何月の何日というふうにはいえぬ時機におこなわれた。今日の研究によると、八月六日から九月十九日の間の満月のときということになるが、それはオリンピックの周期が、エリスの太陰暦で四十九カ月目と五十カ月目というふうに、交互におこなわれたためである。

夏の暑いときに祭典があるのは奇妙に見えようが、これにはわけがある。麦の収穫・脱穀がだいたいすんだときで、ぶどうの収穫もまだ最盛期ではないという農閑期がえらばれたのであり、同じ理由で古代ギリシアの暦では夏が新年のはじめである。そしてオリンピックのおこなわれた期間は、ギリシアでは七月の酷暑期からははずれており、暑さも下り坂、そして地中海は航海にもっとも適している季節であった。

四年ごとというのはなぜであろうか。

この点に関しての専門家の研究は、オリンピアの祭りが最古期には八年ごとであったが、それでは間隔があまりに長いので中間を区切って四年ごとにした、という説明をあたえている。

それによると、八年ごと、というのは、太陰暦の一年が太陽暦の一年より短く、太陰暦を使っていたギリシア人が太陽暦の季節とのずれを早くから知っていたが、それを調節する際に、太陽暦の八年が太陰暦の八年に太陰暦の三カ月を加えたものにほぼ一致することが発見され、三カ月をどのように挿入したかはわからないが、とにかく八年の周期が素朴な農民・牧人の生活にとっても重要な区切りとなっていたからである、としている。

暦のことをよく知っていたのは、古代ではどこでも神職であった。天空神のゼウスの神官や卜占者たちが、この八年周期の発見により、かれらの司る神の祀りを八年目ごとに定めたのはすこぶるありそうなことである。

競技はもうこのころからあったのだろうか。村の祭りの草相撲といったものが競技といえるなら、祭りの最古期からそれはあった可能性がある。力較べや駆け較べは、洋の東西を問わず、時代・社会の差を越えていつ、どこにもありうるからだし、それが人の集まる祭りの際にならわしとなっておこなわれるのは自然だからである。

この点はまたのちに触れるとして、競技の供養起源説について一考しなければならない。これは、民俗学の大家やギリシア宗教研究の権威が採った説であり、やがて見るように、ホメロスにおいて英雄の葬送にともなう大競技会のよい実例があるので、根拠のない想像説ではない。

ところで、供養だとすると誰の死をいたんで供養するのであろうか。古代の伝えでは、ごく末期のものに、ペロプスがオイノマオスの死を悼んで饗宴と賞品を定め、ヘラクレスがペロプスの死に際して饗宴と競技とを制定した、というデルフィの託宣なるものを引用して競技の縁起を説明したものがあるが、史料的には無価値である。その他には、オイノマオスなりペロプスなりの供養のためにはじめられたと明記する古代の伝えはない。

ピンダロスの詩のなかに、「ヘラクレスがペロプスの墓の傍に六つの祭壇を建て、競技をはじめた」とあるのが、供養起源説にとってもっとも大事な史料なのだが、これだけでは証拠にはなりえない。この頼りない詩句をもとに「ペロプスによる、ではなくペロプスのための供養」を主張している学者があるが、この人はペロプスを前ギリシア的な神格と認めている。このようなペロプス解釈が今日疑問の余地のあることはすでに見たとおりであるが、神格への競技ならばゼウスもまた競技への要求権があろうし、事実、後世のオリンピックはペロプスの祭りではなくて、四年ごとのゼウスの祭りにともなっていたではないか。

もっとも、つぎのように考えることはできるだろう。ペロプス供養、あるいはペロプスを祀って競技が生まれたと伝える現在の確実な史料はないけれども、ぼんやりとそんなふうに考える者がありえたことである。オイノマオスとペロプスの戦車競走の話は、早くから、まことしやかに人びとの間で語られていたろうし、戦車競走は早くから競技種目のなかに入っていたから、太古の戦車での勝者であったペロプスに競技の起源を結びつけて考えるのは、素人の常識として当然かもしれない。

そして、もし私がさきにのべた仮説のように、ピサの人びととしては、ペロプスを立てることがかれらの競技主催権の主張に有利だったとすれば、「ペロプスによる、あるいはペロプスのための供養競技」という考えは、かれらにとって都合のよいスローガンだったはずである。ピンダロスの「ペロプスの墓の傍に……」という詩句には、このような常識が混じている可能性はあろう。

しかし、競技の起源を葬送や供養にあるとする見解は疑問である。葬送についてはイタリアのエトルリア人の貴族の葬いに際して、その奴隷であろうか家来であろうか、そういう者が真剣勝負をしたならわしが想い出される。これは殉死をともなったであろうが、この場合には葬送と仕合いとの結合は本質的であった。この風習は、ローマ人の間に伝わったが、それが富人の、のちには一般市民の娯楽として、奴隷である剣奴（グラディアトーレス）の大がかりな仕合いという一つのショウになったことは周知であろう。そこでは市民たちは観客にすぎない。それはギリシア人の競技とは根本的にちがうものであった。

われわれは、宗教起源説を斥けて、もっと別の立場から、ギリシアにおける競技の誕生を考えたいが、ここで誤解をさけるために一言しよう。

やがてそのよい実例を見るように、有名人の葬儀に際してしばしば体力の競技が催されたことは確実な事実であり、われわれはそれについての多くの伝えをホメロスいらいの文献に見出すことができる。スポーツが第一の楽しみの英雄たちの社会では、葬儀に集まっ

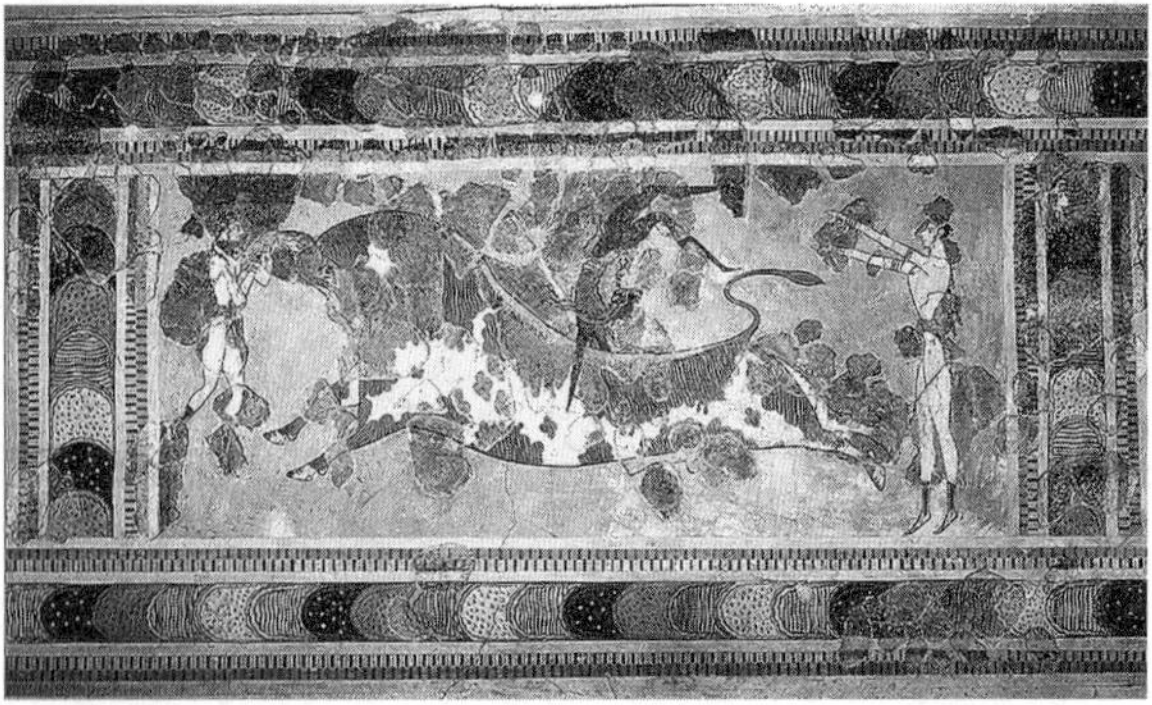

牛の背の曲乗り。クノッソス王宮の壁画

た人をもてなし、形見分けをしたりするのには競技が何よりであり、それが元の形であるが、一度ならわしとなってからは、葬儀での催しが競技の発達に貢献したことは否定できない。これは十分認めねばならない。しかし、競技にはいつでも英雄の死が必要であったのではないことも明らかである。

異常な力業や危ない芸当はいつの世にも人の眼をたのしませる。すぐれた身体と永年の修練を要する点で、それはスポーツと共通のものをもっている。しかしそれが、特定者の娯楽のために、特定の人々によっておこなわれた場合、それはスポーツではない。

ミケーネ時代のギリシアの王宮では、このような遊技や力技の専業者がいた、と考えてよいであろう。なぜならば、ミケーネ文明の先輩であるクレタ島のエーゲ文明の中心であったクノッソスの王宮から出た壁画や象牙の小像は、ここで、牛の背中を跳ぶ大変危ない芸当がおこなわれていたことを教えてくれる。王やその一族や多数の宮女たちがこれを観て楽しんだ様子が容易に想像できる。また、やはりクレタの南岸のハギア・トリアダの王宮から出た壺は、拳闘者の闘っているところを巧みに浮彫りしているが、それは柱の列からみて宮殿内部のようである。

当時のギリシア本土の数々の王国の社会や政治の制度は、ミケーネ文書の解読によりある程度推測できるようになったが、そこでは、後世のギリシアの市民たちからなるポリスの社会とはちがって、オリエントの古代の国家に似た点がいろいろ認められる。そこには、小さいながらも王城があり、多数の書記（役人）が王のために粘土板に線状B文字を誌していた。文書からはまだわからないけれども、これらの王宮でクノッソスのような遊芸の専従者がいたことは可能である。

ピサ人のオリンピアは、どうであろう。「オイノマオスの館址」やペロプスの社は、パウサニアスが見物しているが、ミケーネ風の王宮はなかった。ここは明らかにエーゲ文明から見て僻遠の地であった。しかし、最後にこの地方に来たエリス人は、すでにまえからあった競技を受けついだように伝えられているから、そこのゼウスの祭典では、何らかの競技があったらしい。その内容はもちろんわからない。しかしここの王は、まず地方の族長とか豪族とかの程度のものだったから、玉座から観覧するのではなくて気軽に人びとと一緒に競技したかもしれない。

われわれがオリンピック競技の起源の史料としては失格させたオイノマオスとペロプスの戦車競走は、英雄たちを観覧者ではなくてみずから車に乗って競技した者としている点で、後世のオリンピックにつながるものをもっている。後世のオリンピックの生命であったアマチュアの精神は、この素朴な人びとの祭りのなかからすでに生まれていたと想像してはいけないだろうか。

ホメロスの描くところ

イリアッドの終りに近い二十三巻では、親しい戦友パトロクロスの死を弔ってアキレウスが催した大競技会の模様が、きわめて生き生きとこまかく描かれている。トロヤを囲むギリシア軍の合戦のあい間のことで、オリンピアとは縁遠いと思う人があるかもしれないが、実はそうではない。いや、オリンピアの競技を考えるうえに、このうえもない貴重な史料である。

ホメロスの詩のなかには、まえにも触れたように、ミケーネ時代の要素が含まれていることは大切な事実であるが、今日の通説でこの詩がだいたい今日伝わる形に作りあげられたと認められている前七五〇年ころより一、二世紀まえから、かれの同時代にいたるころの風俗・習慣を謳っているところが少なくない。はっきり時代を断定できぬ事柄が多いのは当然であるが、この競技会の様子はホメロスに近い時代のことと考えてよい。それはのちに見るとおり、正にオリンピアの競技が古代オリンピックとして成立していった時期なのである。

さてホメロスの描くパトロクロスの葬送では、薪を百歩四方に積み上げた山に、馬や犬や、それに供養のために殺された十二人のトロヤ人が投げ込まれ、いちばん高いところに犠牲獣の膏《あぶら》で頭から足まで包まれたかれの遺骸が安置された。薪の燃える間、アキレウスは一晩じゅうその傍に一人酒を呷《あお》って心の痛手をまぎらそうとする。

その翌朝、骨上げがすんで戦友のためにささやかな塚がつくられると、アキレウスは己の船のなかから、かれの武勇によって手に入れた数々の戦利品を持ち出させた。青銅の鼎、黄金、馬、牛、騾馬《らば》、それに「帯美しい女」たち、つまり女奴隷、また鉄の塊りもある。競技の種目は、戦車競走、ボクシング、レスリング、競走、武具をつけての真剣勝負、鉄塊投げ、弓術、槍投げの八種で、真剣勝負とか弓術とか、後世のギリシアでは種目にならなかったものも含まれている。

これらのうち、圧倒的に詳しく描写されたのは戦車競走で、それが戦車を所有し、馬を飼うことのできた貴族たちにとっていかに気に入ったスポーツであったかを教える。真剣勝負はフェンシングのもっと荒っぽいものらしいが、八種目のうちこの真剣勝負と鉄塊投げ、弓術、槍投げの記述は、そのまえの四種目に比して描写に生気がなく簡略で、文献学者によって後世のものとされているが、ここでの考察には一緒に考えてもさしつかえなかろう。

この競技会でまず注目されるのは、アキレウスが戦車競走のはじまる直前に人びとに語った言葉である。それによるとアキレウスは、今日は競走には参加しないが、もしこれが誰かほかの人のための競技であったなら自分はかならず一等をとって見せるというのである。アキレウスは、もっとも親しかった友の死を悼む今日の催しにあたって、主催者として自分の財宝を賞品に出すが、本当ならば皆と一緒に競技をしたいところなのだ。

競技の参加者は、みずから名乗り出た形になっているが、みな英雄であり、王侯貴族である。上は、槍投げに名乗り出て、ギリシア人の総大将なるがゆえに特別に不戦勝になったアガメムノン、それからかれの弟のメネラオス、智恵にたけたオデュッセウス、アイアス、ディオメーデース等々の名だたる面々。若いところでは老ネストルの子のアンティロコス。

仕合いを申し出て断わられている者はないが、申し出るのは家柄の者ばかりで、この点はけっしてホメロスの勝手な作りごとでなく、この時代には競技が主として余裕ある貴族のものであったことの反映とみてよかろう。

おもしろいことに、このコンテストでは参加者のすべてに賞品が出ている。もちろん競走では一等、二等による差があり、ボクシングやレスリングでは勝者と敗者とではちがうわけだが、洩れなく何かをもらえる点では小学校の運動会のようである。

その賞品や奴隷についてのホメロス風のこまかい説明は、当時の経済状態を考えるのに貴重な史料であるが、それはさておき、忘れてならないのは、賞品が形式的なものではなくて実用品であり、それもなかなか貴重なものだった点である。たとえば、ランニングの一等にはフェニキアのシドン人が作った「地上最美の」銀製の混酒壺、二等は膏《あぶら》ののった大きな牡牛一頭、三等には半タラントンの黄金といった具合である。むろん文学の世界だから、これをそのまま真に受ける必要はない。しかしそれは今日のトロフィーやメダルともちがうし、いわんや古代オリンピックの勝者の栄冠であったオリーヴの枝の冠とは似てもつかぬものである。受けとった英雄たちは、それを自分で実用にしたり、他の英雄への贈り物にしたり、別のものと交換したであろう。

この点でおもしろいのは、六番目の競技の鉄塊である。それは力持ちのエーエティオンという者が、投げて楽しんでいた由緒のあるものだったが、アキレウスはかれを殺して己のものとした。これが投擲《とうてき》の仕合いで円盤の役割をするのだが、同時に賞品でもあった。そしてアキレウスは説明する。

「これを貰った者は、自分の持ち地が町からいかに遠くても、五年くらいは使えるぞ。羊飼いや百姓どもが町まで鉄を買いに出かけることはいらんだろう」

英雄たちは勝利によって、かれらがもっとも冀《ねが》うところの名誉と同時に実益も得ている

戦車競走にのぞむ人たち。前６世紀の壺絵

のである。しかしかれらの本業は、戦いにあり、掠奪にあった。スポーツマンとしては、あくまでアマチュアであった。

この競技に進んで力だめしをする英雄たちの心境というものが、ギリシアの競技の起源を考えるうえに重要であるが、それはあとに廻すとして、この競技会の模様をも少しこまかく見てみよう。

戦車競走は、はるかかなたの木の枯株を廻って帰って来る往復コース。五人の選手は籤引きによってきまった自分たちのコースにつく。旋回の場所がいちばんの難所である。そこでアキレウスはそこに「神にも似た」フェニクスを立たせて、各人の走り具合を監視させた。旋回点はみな無事に通った。しかし先頭の車がこわれて御者が外に投げ出されたこと、コースのうちせまい凹地になった所を通るとき年少アンティロコスが遠慮なくメネラオスを追い越したこと、それらのために一着、二着の決定には悶着がおこるが、監視人《スコポス》のフェニクスが審判として決定するのでもないようだ。

つまり、まだ競技のルールが確立していないし、審判者の権威が確立していない。競技はまだ即興的なところが多く、組織されていないのである。

ボクシングやレスリングについての描写は、この力技がすでに永い伝統をもち、競技の型があったことを推察させる。ホメロスの観察は鋭く、表現も巧みである。

しかし、もっとも印象的なのはランニングの描写だ。走者は三人。アイアスが先頭を切っていた。ところが最後のコースで「女神アテナの意地悪のために」この英雄は、さきほどアキレウスが殺した犠牲の牡牛の血の溜ったところですべってしまい、鼻の孔から口まで血だらけになった。惜しくも一等をオデュッセウスに奪われたアイアスは、口から血を吐きすてながら二等賞にもらった牡牛の角をつかみ、女神がオデュッセウスばかりひいきすることを嘆く。

これはすばらしい写実だ。詩人は自分の目でたびたび競技を見て知っていたのである。あるいはかれ自身、競走でアイアスのような不運にあったのかもしれない。

葬送とは無関係な競技会は、オディッセイの第八巻に謳われている。ファイアケス人たちのもとでオデュッセウスの歓迎に催されたものである。

トロヤからの帰路、オデュッセウスは漂流してスケリアの島にたどりつき、その住民ファイアケスの王アルキノオスの宮殿で、その素姓は明かさないが、歓待される。吟誦歌人のデーモドコスの歌に、自分と今は亡きアキレウスとがかつて争ったことが出てくるのを聴いて、かれがひそかに涙するのを見た王は、気を利かせて戸外での競技でこのよそ人をもてなそうとする。人びとはそのために広場《アゴラ》に移る。

ここでラオダマス以下三人の王子やファイアケスの貴族たちが、大勢の観衆の前で競走、レスリング、跳躍、投擲、ボクシングの競技をしてみせる。ところで、ファイアケス人のスポーツに自信のある王子ラオダマスは、このよそ人が、よい体をもちながら眺めるばかりで加わらぬことを物足りなく思った。かれがオデュッセウスにたいして、ぜひやれと促すときの言葉は、当時の競技者の考え方を伝えている点で、はなはだ珍重すべきものである。

「お見かけしたところあんたも仕合いを知らぬようでもない。人間生きているかぎり、自分の足と手でやることほど大きな名誉はないからね」

それでも動かぬオデュッセウスにたいして、貴族の一人はついに軽蔑の言葉を投げかける。

「仕合いはたくさんあるのに、どうもお前さんは心得がないらしいな。そうだ、お前さんはきっと商売人の船乗りじゃないか。船荷とあくどい儲けきり頭にないんだろう。とにかくお前さんはアトレーテース（競技者）には見えない」

ここに英語で競技者を指す athlete のもとのギリシア語 athletes がはじめて使われている。それは、船乗りや商人とは両立しない、今日のスポーツマンよりももっと狭い、それだけに社会的な誇りを響かせた言葉だった。

挑戦に応じたオデュッセウスが、ファイアケス人が投げたよりも大きくて重いディスコス（ここは円盤ではなくて石か）を大変な距離に投げて、かれらの認識を改めさせたことは申すまでもない。

名声へのあこがれ

生きているかぎり、自分の手と足とで最高の名声を得たい、こういう精神状況は、前八世紀ころのギリシアの家柄の男子の間で支配的であった。ここで家柄の男子といったのは、ホメロスの詩で英雄として登場するような人たちである。かれらは比較的ひろい土地、多数の家畜、それにひとより多い奴隷をもち、家のなかには父祖の、また自分自身の武勲を物語る金、銀、財宝がある。

奴隷は別として、土地所有でも家畜でも、後世の西欧や新大陸にくらべたらまことにささやかであり、かれらのまわりには中、小の土地所有者がいて、それらのなかには、かれらにくらべれば数は少ないが奴隷をもっている者もあって、かれらと同様に農繁期には日傭を使ったりしている。経済的関係からみれば、かれらと一般の土地所有者との差は量的な差異にすぎない。

それにもかかわらず、かれらを一般人と区別するはっきりした差異があった。一つにはすぐれた父祖の裔《すえ》であるという意識、大もとは神々の一人に遡りうるという家門の誇りである。もう一つは、自分たちだけが一般人には飼いえない馬を養い、高価な戦車をひかせて戦場に赴き、自分たちの個人的な武技が戦の勝敗に決定的な役割を果たすという自尊心である。歩兵として出動した大衆とかれらとの、軍事のうえの比重は、そう簡単にはきめられないが、とにかくかれらの主観のなかでは、かれらの共同体の安全はかれらの装備と武技とにかかっていた。

イリアッドの第三巻に描かれた一騎打ち、ヘレンを奪ったアレクサンドロス、またの名はパリスと、妃を奪われたスパルタの王メネラオスとの投槍と剣による果し合いは、英雄同士の戦場での働きをやや闘武会式《トーナメント》に見せてくれるが、実戦ではもっと入り乱れたものであった。しかし長槍と楯をもつ重装歩兵の密集隊による戦術は、前七〇〇年ころから徐々にひろまり完成したもので、このころにはまだなかったのであるから、個人の勇気と武技が大きく物を言ったことは明らかである。

ギリシアの体育競技は、投槍を投げる力、敵を追ったり、または逃げたりする走力、敵を急追したり、危険の際にはいち早く戦車にとび乗って退却する戦車操縦術など、そういう戦士としての実力を養ったり、また保持してゆくのに実際に役に立つものであり、また必要なものであった。

だから、墓前供養が競技の誕生の因であるという説に対して、一つの別の原因を求められるならば、上にみたような武士であり、祖先以上の武勲による名誉《クレオス》をたて後世まで吟遊詩人に歌われることを人生の目的と考えていた人びとが、広汎に存在したことを挙げねばならない。戦のないとき、武芸がかれらにもっともふさわしいレクリエーションとして体育競技となったのは、はなはだ自然である。

しかも、戦闘は個人の格闘であった。このことは、ギリシアの競技がことごとく個人競技で、団体競技でなかった事実と関係している。

オリンピックの盛時のころは、ポリスという市民団の共同体国家がたくさん並び立って争っていた。それゆえ、ポリスごとにチームが送られてランニングのリレーをしたり、当時にもあった球戯をしたらさぞ熱が入って観衆を湧かせたろうと思うのだが、それがなかったのは、重装兵の密集隊戦術以前の一騎打ち風の時代に個人競技による種目が定まってしまい、祭典の行事ということからくる保守性もあずかって、古い伝統を一新できなかったためではあるまいか。この点では、ギリシアの競技会は中世の騎士の闘武会に通じるものをもっている。

そして兜、脛当てをつけ楯をもっての競走という種目が、オリンピックに加えられたのが前五二〇年というおそい時期であり、それが重装歩兵戦術の全盛期であったことが、戦術と競技種目との密接な関係を物語っている。

コンクールの伝統

ホメロスの時代には、ギリシアの社会史の上でもっとも重大な変革が徐々に進行していた。ポリスというものが生まれつつあったからである。多少例外も考えられるが、ポリスの成立期には政権を握っていたのはいままでみた英雄たちの裔の貴族たちであったが、ポリスのなかにはいくつかの名門のほかに、中、小の土地所有農民が多数いたことは前に誌したとおりである。

ギリシアで古代民主政治が生まれたことの決定的理由の一つは、このような自由な農民が広汎に存在したことにあり、かれらが重装歩兵として活躍する時代が遠からず到来するのであるが、まだそこまでゆかない前七〇〇年のころ、中部ギリシアのボイオティア地方のアスクラという僻村に、ヘシオドスという農民がいた。近くのヘリコン山の麓で羊を牧しているとき、ミューズから天啓を受けたとみずから歌っているこの農民詩人の作品「労働と日々」は、怠け者の弟にたいして勤労の尊さを教え、農業の道を説いている。

ヘシオドスは、当時の貴族の裁判の上での不正にたいして激しい憤りをぶちまけているが、かれが素朴な口調で説く処世論のなかに、人生における悪しき争《エリス》と正しい争《エリス》の論がある。ヘシオドスにおいては、ポリスはすでに成立しており、そのなかでの一人の不正は全ポリスに禍を及ぼすとされている。かれは武事についてはまったく語らない。かれのいう正しいエリスは、「陶師《すえつくり》は陶師と争い」とあるように日常的かつ庶民的であり、勤労の勧めに通じるものであった。それはすでにポリスという共同体の枠のなかにはいっており、ホメロスの描く英雄の名誉欲などとはおよそかけ離れたものであった。それでも自分の生業における個人の自由な競争を正しいとする点では、やはり一脈相通じるものがあるといえよう。

ところで、ヘシオドス自身は、この作品のなかでみずから誌しているところによると、たった一度海を渡って外国に行ったことがあった。外国といっても、目と鼻のエウボイアの島のカルキスというポリスであるが、それはアンフィダマスという貴族が亡くなったとき、その息子たちが競技を催したのに参加するためであった。これもまた供養の競技である。しかしかれが名乗り出たのは体育の仕合いではなく、詩歌のそれであった。そして見事に優勝し、あたえられた賞品の鼎を、天啓を授けてくれたミューズたちに捧げたと誇っている。

オリンピアの祭典にはなかったが、他の大祭典にみられた文芸、音楽の競技も、永い前史をもっていたのである。

コンクールの精神は、このように貴族でないものにまで広まってゆき、また社会生活のいろいろの方面に顔を出した。そのおもしろい例は、すでにオリンピアの宝庫のところで見たシキュオンというポリスの僭主クレイステネスが自分の娘アガリステの婿を選んだときの話である。時代は下って前六世紀のことであるが、そしてヘロドトスの伝えるこの話がどこまで真実かは別だが、とにかくここに想起する値うちはある有名な伝えである。

クレイステネスはみずからオリンピックの戦車競走に出場して優勝し、得意の絶頂に立ったが、そのとき、自分の婿になる自信のあるものは六十日以内にシキュオンに来たれ、選定は一年以内におこなうと公表し、自分の邸に競走路やレスリングの競技場まで設けた。

この僭主の名声にひかれて応募して来たのはペロポネソスはもとより、北はテッサリア、西は南イタリアの植民市の者まであって、都合十三人にのぼったが、アテネから来たヒッポクレイデスとメガクレス、ことに前者が僭主の眼鏡にかなったようだった。志願者は一年間僭主の許で生活し、体育競技や個人面接や饗宴での談論などで平常点をつけられていた。

そして、いよいよ最後に一人を決定せねばならぬときがきた。大がかりな供犠ののちの大宴会には志願者とシキュオンの全市民が招かれたが、その後に志願者たちは音楽と一定のテーマについての談話という形で最終試験を受けることになった。ところがもっとも有望だったヒッポクレイデスは、酒の勢いで僭主の気分を害するようなダンスをはじめ、しかもテーブルの上に上って頭で逆立ちして足をばたばたしてみせた。

曲芸は体育ではない。卑しい演技によってこの青年は失格した。アガリステは第二候補だったメガクレスにあたえられ、二人の間に生まれたのがアテネ民主政治の道をひらいた有名なクレイステネスである。

アテネ民主政期の文芸の華、悲劇と喜劇の上演は、ポリスの祭典にともなう新作品の競演であり、その一等二等をきめる審査員は、極度に厳重な手続きで市民の間から公選された人たちであったことはひろく知られているであろう。ギリシア人がその本来の面目を発揮していた時代は、コンクールの全盛期でもあったといえるかもしれない。

暗黒期のオリンピア

競技やコンクールの議論によって、われわれはよその地域の新しい時代のことにまで下ってしまったが、ふたたびオリンピアにもどって、もっともわからない時代のなかで手探りをせねばならない。というのは、古代オリンピックの基本的な形がきまったのはギリシア史の「暗黒時代」の末期であったからである。

紀元前一千年前後に、エリス人がコリント湾の彼方からエリス地方に侵入してきた。先住民のうちには、東のアルカディアの山地の方面や南方に逃げた者もあったが、ピサ人のように踏み留まって侵入者と一応折り合いをつけた者もあった。

エリス地方のうち農耕・牧畜に適する広い平野は、北から来た侵入者にとってはオリンピアよりずっと手前にあったから、この地方を手に入れれば民族移動の目的は十分に果たしたのである。

バルカンの山中から来た新来者は、エーゲ海方面のミケーネ時代文化を知らぬ素朴なギ

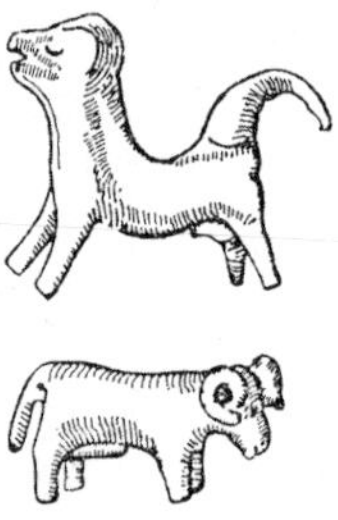
動物小像の２例

リシア人であった。オリンピアから出土した銅の薄片やテラコッタでつくった動物の小像は、エリス人がオリンピアに関心をもちはじめた早い時代、つまり前十、九世紀ころから、六世紀にいたる長期のものとされている。

それらは奉納品で聖なる木立ちの木に吊るしたものらしい。動物の小像は馬、牛をあらわしたというが、犬だといえばそれでも通りそうな原始的なものである。単純な装飾を打ち出した青銅製の冠も出た。性器を誇張した男女の小像もある。もっとも深い層から、明らかに戦車に乗った御者の像と思われるものが出ていることが注目される。それは戦車競走がきわめて古くからおこなわれていたことの証拠とも考えられるからである。

独得の稚拙さをもつこれらの奉納品は、みなエリス地方でできたもので、この時代のオリンピアがまったく地方的な神苑にすぎなかったことを物語る。後世には名匠の作が無数に並んで野外彫刻展のようだった神苑で、かつてはオリーヴの木立ちにこのような小像がぶら下っていたのを想像するのは、ちょっとおもしろい。

イフィトスの円盤

われわれは、オリンピアのヘラの神殿の所蔵品のなかに「イフィトスの円盤」というものがあって、紀元二世紀の後半にパウサニアスがそれを見たことをすでに知っている。かれはその円盤にエリス人がオリンピアの大祭の際に公示する「休戦」が誌されており、文字が円形に書かれている、と述べている。

ところが、紀元一世紀のプルタークの英雄伝のなかのリュクルゴスの伝をみると、かれは、この有名なスパルタの立法家とされる人物の年代が古くてよくわからず、諸説紛々の状態であることを述べて、それに関する一つの手がかりとして、前四世紀の誰でも知っている哲学者のアリストテレスがオリンピアで見た円盤に、イフィトスとリュクルゴスの名が誌されていたことを挙げている。

イフィトスがエリスの人で、古代オリンピックにとって重要な仕事をした人であることは、古代のあらゆる伝えからみて確実な事実としてよい。しかしこの円盤についての伝えをいかに解するかは、すこぶるむずかしい問題である。パウサニアスはアリストテレスより五百年くらいあとになるが、かれらが見たものは同一物であろう。しかしそれはいつごろつくられたものであろうか。

それがまったくの偽物で、たとえば前六世紀のいつかに、オリンピア祭典における「休戦」の歴史の古さを示すために競技の主催者により古めかしくつくられたという説もあるが、何の証拠もないし、偽物までつくる必要があったかどうかもわからないから、この説は問題外としよう。

ところでイフィトスの実在は確かとして、問題はその年代である。第一回のオリンピックの競走での優勝者がエリスのコロイボスという人であったこと、そして第一回のオリンピックはキリスト紀元でいうと前七七六年だったこと、これは確実として認めてよい。オリンピック優勝者のリストというものが――もちろん全部信頼できるとはいえないが――前五世紀末のエリスのヒッピアスという学者によってつくられ、増補修正されたものが今日に伝わっているが、ヒッピアスが相当に確実な伝承を利用できたことは認めてよいからである。

さきに、最古のオリンピアの祭りは八年ごとだったろう、と述べたが、少なくともコロイボス優勝の第一回以後は四年に一回であったと思われ、そうすれば後世のオリンピックが第何回目とあることから、逆算して七七六年の数字はすぐ出るわけである。

古代においてイフィトスは永いあいだ中絶していた競技を再興したと考えられていた。「休戦」の制度を確立した点が彼の新たな功績だったことは明らかである。しかし一部の古代人がそう考えたように、かれの休戦制定が第一回のオリンピック開催と同じことを意味し、ここで競技種目の決定その他競技の組織がある程度整ったのだと考えるのは、けっして無理ではない。円盤には「休戦」のことしか書いてないが、後にのべるように「休戦」はギリシアの古い時代にとっては相当重要な意味をもっており、中味がある程度固まっていないでは、「休戦」を呼びかけるのもおかしいからである。かりに休戦制定と第一回とがぴったりおなじ時でなかったとしても、年代のひどい開きはなかったはずで、われわれはイフィトスを前八世紀の前半の人と考えてよい。

リュクルゴスはどうであろうか。われわれがかれを問題にするのは、休戦制定にスパルタが関与していたかどうかが大事だからである。後世のスパルタ人のあの特異な制度は、古代人の間では一人の立法者リュクルゴスに帰せられていた。しかし十九世紀後半いらいの、とくにドイツの批判的な学者の間では、リュクルゴスを一つの神だとか、英雄（半神）だと解してその実在を抹殺する見解がすこぶる有力であった。最近ではイギリスの学者を中心に実在説が強くなっているが、さてその年代となると諸説紛々で、容易に決しがたい。前七七六年にうまく合うような年代におく学者もあるし、前九世紀まで遡らすものもあり、前七世紀に下げる者もあるという具合である。

イフィトスを出発点としてスパルタのリュクルゴスの年代をきめるのは危険がある。第一には、スパルタはおなじペロポネソスでもだいぶ離れており、タイゲトス山脈という大きな自然の障壁をのり越えて半島西岸のメッセニア地方を自分の領土にしたのは、前八世紀後半の、いわゆる第一回メッセニア戦争以後のことだからである。そしてこの戦争の終ったのちから、スパルタ人のオリンピックでの優勝者が記録されている。

スパルタから北のアルカディアを経て、アルフェイオス川の谷に沿ってオリンピアに出る道は、最近でこそよくなったが、この時代にはたいへんだったろうし、それに、スパルタ人とアルカディア人の敵対関係からみても問題にならない。このようなわけで、三面を山にかこまれたラコニアの平野に落ちついたスパルタ人が、前八世紀の前半にオリンピアの祭典に積極的に関与したことについては疑問の余地がある。

いま一つ気になるのは、アリストテレスの見た円盤なるものが前八世紀前半の原物だったかどうかである。ギリシア人のアルファベットの誕生と普及の時期の問題は、ホメロスの詩の書き下ろしの問題なども関係して重要であるが、これもまだ定説はない。現存の出土品のもっとも早い推定年代は、前八世紀の末ころである。

それで、前八世紀の前半のころ、僻遠の地だったオリンピアで円盤が書き上げられたことについては、やはり疑問がのこる。

これらの点から、円盤は当初のものではなくて、前七世紀にスパルタがオリンピアにたいして大いに発言権をもつ時代になってから書き上げられて、そこにスパルタの有名な立法者の名が作為で入れられたとする見解がある。

また別に、リュクルゴスの名をスパルタの立法者と考えたのはアリストテレスの軽率のためで、実は同名異人であったとする説もある。リュクルゴスという名は、イリアッドではアルカディアの英雄のそれとして見えており、後世ではアテネの前六世紀の人物にも見えて、ありふれたものだから、エリスにもいたことはありうる。それゆえ、この誤認説も筋が通っているとしなければならない。

いずれにしても、第一回のオリンピックのころは、スパルタ人とエリス人とが「国際的」な協定を結んで祭典の折の平和を確保するというほどには、この祭典はまだ有名でなかったであろう。

エリス地方自体が多数の共同体《デーモス》（村）に分かれており、オリンピアの近くには先住民のピサ人がおり、アルフェイオス川の南の方にも先住民がいろいろいた時代であるから、「休戦」規定の必要は大いにあったわけである。競技に参加する者も、見物人も、安心して家があけられなかったり、途中で殺されたり、捕虜になって奴隷に売られたりしては、お祭りどころではなく、人びとの間の平和の確立が祭典と競技の確立のために至上命令だったからである。

われわれには、円盤に書かれていた、おそらくきわめて簡略な「休戦」規定の文句はわからない。しかし、イフィトスがオリンピックについて、こまかな競技のルールなどより参加者の安全のための平和の確立をまず第一に重要としたことは確かであり、これはなかなか聡明であったと評さねばならない。

オリーヴの冠

オリンピックの特色の一つは、十人のヘラノディカイとよばれた審判員の制度が確立し権威をもっていたことにある。ヘラノディカイは、「ヘレネス」すなわち「ギリシア人」ということばと、「償い」とか「罰金」とか、さらにひろく「正義」の意味に使われた「ディケ」ということばの合成語である。この役が後世の十人になるまでの過程については、パウサニアスがまとまった記述をしている。

それによると、イフィトスは単独で競技を司ったが、かれは、エリス人がエリスに侵入したときの首長であったオクシュロスの子孫で、その後も同様にこの家の者が一人で司っていた。しかし第五〇回オリンピックのときいらい、エリス人全体の間から選出された二人が会を司ることになった。第七五（写本の二五は誤りとみる）回のオリンピックから九人の審判員が設けられ、三人は戦車競走、三人は五種競技、あとの三人は他種目を審判した。そのつぎのつぎの回のときに、さらに一人加わって十人となった、と。

以上を七七六年をもとにして西紀に直すと、五八〇年までは一人、四八〇年から九人、四七二年から十人ということになる。

このパウサニアスの伝承の数字や解釈については、いろいろ異見があり、ここでは立ち入れない。イフィトスおよびエリス王統の者一人の管理は誤りで、エリスの王とピサの王との二人の管理だったろう、とする推測もある。後世の制度では、競技会の組織運営委員と審判員とは、当然のことだが別である。審判員は、エリス人の間から選挙されることと決定する以前にはピサ人の発言権が大きかったはずだが、これは後に述べるエリス人・ピサ人の主催権争いのことと密接に関係している。これらすべては実のところ今日ではよくわからない。第一回から、イリアッドで見たアキレウス主催の競技会よりはずっと整っていたろう、と推測する以上には出られない。

競技の種目については、最初はランニングだけで、漸次にいろいろと加わったように伝えられているが、これは初期の優勝者がランニングのしか伝えられていないためで、最初から戦車、ランニング、レスリング、ボクシング、円盤投げ、槍投げがおこなわれたろうという推測はおそらく正しいであろう。ペロプスの伝説やホメロスでの競技会の描写は、ランニング以外の種目が早くから重要だったことを暗示する。

しかしアキレウスの競技会とオリンピックとのもっとも大きなちがいは、あちらでは実用になり、交換価値をもつ賞品があたえられているのにたいし、ここではオリーヴの小枝の冠が最高の栄誉のしるしとされていることではないか？

金銀のメダル以上にアマチュア精神を純粋に象徴している栄冠は、第七回にはじまるとする後世の伝えがあるが、第一回のオリンピックのときからつづいたものと考えたい。その後、誰かの創意・発案によってそうなったとは伝えられていないし、イフィトスがはじめたというわけでもないらしい。それはイフィトスによりオリンピックが「再興」される前の古い時代、すでに伝統をなしていたとも考えられるだろう。要するによくわからないのである。

しかし大事なのは、いつからとか誰の創意とかではなくて、優勝者に物質的な実益があたえられなかったことである。アキレウスの場合はフィクションであるから、かれの船から手品のようにつぎつぎに立派な賞品が出てくる。実際には個人の供養の場合にはそれがずっとささやかな規模でおこなわれたのであろう。しかし、故人の形見分けの色彩も含まれて賞品が出るから、供養の競技には参加者が多く集まったのだと皮肉な評をする学者もある。

　後世のアテネには「神聖なオリーヴ樹」というものがあった。時代とともに規定はゆるみ、法は無視されていったが、古くはこれを掘ったり、伐ったりする者は死罪と定められていた。食用油と皮膚塗料と燈油を供するオリーヴの木は、ギリシア人の生活にとって不可欠の前提であり、もっとも大切なものだったのである。

　オリーヴの木がミケーネ時代から栽培されていたことを、われわれは当時の文書から察することができるが、オリンピアに自生していたオリーヴは、アテネの「神聖なオリーヴ樹」よりもう一段尊重されて、枝を剪《き》ることも禁じられていたと想像してはいけないだろうか。オリーヴの枝という三文の値打ちもないものが最高の栄誉とされた由来を考えていると、このような想像もめぐらしたくなるのである。

　他面には、すでに述べたオリンピアの最古期の出土品から察せられるとおり、オリンピアが物質的にはなはだ立ちおくれた世界であったことも忘れてはならない。競技は祭りにともなったが、その神であるゼウスは質素な祭壇以外に何ももっていなかった。

メソポタミヤやエジプトの古代の神殿が、無数の人民の労働の成果をその手に収めていたのとはこれはまったくわけがちがう。ここの神はアキレウスほどにも賞品は出せなかったのである。そしてエリス人やピサ人の王が初期のオリンピックに深く関係していたことは、ありそうなことであるが、競技が王家の催し、つまり王の前の御前仕合で勝者は引出物を賜わるという式のものでなかったこと、王族は神の祭りの管理者にすぎなかったことは、伝承から明らかである。

エリス地方の王家について、われわれはくわしいことを知らない。しかしギリシア史の他の例から推して、かれらがミケーネ時代の王とちがい、豪族らのなかの最有力者にすぎず、やがては貴族たちとおなじものになってしまったことはたしかである。かれらは富裕な名門の子弟とともにみずから戦車競走をしたかもしれないが、四年ごとの祭りに、みずからパトロンの立場に立って実質的賞品を出してゆくにふさわしい政治的・経済的な優越はなかったろうと思われる。

競技の精神は、生活があまりにもきびしくてゆとりのない世界には生まれえず、また充ち足りて軟弱な社会にも生まれない、といわれる。前八世紀のエリスは、そのいずれでもなかった。

相撲とオリンピック

体力を競い、衆にぬきんでた技倆に誇りを覚える――このいつわらぬ人間性を基盤として、競技会は世界のどこででも生まれる可能性があったはずである。それなのに、今日の最高の競技会であり、アマチュア主義とフェアプレイの精神を誇るオリンピックのその原型が、古代ギリシアにおいてのみ誕生し、成長したのはなぜだろうか。その点を考えるための一つの道として、日本の国技とされる相撲の古史と比較してみてはいけないだろうか。

日本書紀垂仁天皇七年七月七日の条には、つぎのように誌してある。

大和の国当麻《たいま》邑《むら》に当麻蹶《たいまのけ》速《はや》とよばれる者がいて強力の名高く、性質は傲慢で、いつもひとに力くらべを申し込んでは負かしていた。天皇はこれを憎み、出雲の国から野《の》見宿禰《みのすくね》なる者を呼び寄せ、両者に試合をおこなわせ給うた。二人は互いにはげしく蹴り合ったが、宿禰は蹶速の脇の骨を踏み砕き、腰を踏み折って殺してしまった。天皇はたいへん御満悦で、宿禰を賞し、蹶速の土地を奪ってかれに賜わった――。

有名な話であるが、専門家にいわせると、どこまで史実かには大きな疑問がある由であるが、ここではこのような伝承が生まれていることだけに注意すればよい。

もうすこし史実をさがすと、雄略天皇の十三年（西暦四六九年）、宮中の采女《うねめ》に相撲をとらせたことがあり、女帝の持統天皇の九年（六九五年）には大隅の隼人《はやと》たちに相撲をとらせてご覧になったとある。紀元八世紀の奈良朝の時代になると、諸国の相撲人を徴募して相撲の節会《せちえ》を催されるならわしとなり、聖武天皇の天平六年（七三四年）七月七日には「天皇相撲の戯を観たまい、また文人に命じて七夕の詩を賦せしめ、禄を賜うこと差あり」（続日本紀）と見えている。そして天皇家が催す相撲の節会は、宮中のきまった年中行事として平安朝の間おこなわれた。

これをみると、日本史のもっとも古い時代には、当麻蹶速にせよ野見宿禰にせよ、ギリシアの英雄と共通する性格の人たちがいたようである。蹶速の不遜は、ギリシアの英雄たちの不朽の名声を願う気持と紙一重だったにちがいない。それにもかかわらず、伝承の最古の試合からして、それは「天覧仕合」であった。伝承によれば、そこには政治が顔を出しており、たいへんに実質のともなった賞があたえられている。

それでも、この天覧仕合には、イリアッドにみえるアキレウスの催した競技会と共通の地盤がまだ、なにがしか残っているようだ。しかし、ギリシアで英雄・王侯の地位が時代とともに下って、それと同時にオリンピックが完成に向ったのにたいし、日本では天皇家の国内支配が進むにつれて、競技を催す者、観る者と競う者との距離がはっきりと開いていった。相撲節会は近衛府が主催者となり、参議以上の公卿を司とし、国々の郡司の推薦した相撲人を召し集めておこなわれた。相撲人は素人だったが特別の代償がないので「応召」を渋るものもあり、遅参も少なくなかったというから、オリンピックとは大分ちがう。この分岐の背景に、古代ギリシアと古代日本の社会・政治の本質的なちがいがあることはいうまでもない。

Ⅲ　オリンピックの成長

主催権争い

古代のオリンピックは、オリンピアのゼウスの祭典の行事であったから、今日のオリンピックのように開催地の持ちまわりということはありえず、その点での問題はなかった。しかしその成立以後二百年くらいの間は、歴史的にみて本来の主催者であるべきピサ人と後から来た実力者のエリス人との間に、主催権をめぐってごたごたが絶えず、それはけっして穏やかな話し合いではすまなかった。

もっとも平和を必要とするオリンピックの主催権の争いが、およそその精神に反する武力の争いにまでなり、ついにピサの完全な破壊にまで導いたということは、一面にはこの祭典が、ギリシア人の間で人気が増大していったことを意味するとともに、ギリシア人の宿命的な分立抗争の執念深さを示すよい例でもある。

エリス人、ピサ人の争いについては、古代からまちまちの伝えがあり、それらを調整することは不可能とされている。いまそれにこまかく立ち入る必要はないので、もっともまとまった伝えとして、パウサニアスの述べるところを見れば——

ピサ人はエリス人の主催権を奪い返そうとして、みずから禍いを招いた。その歴史をかえりみると、かれらは第八回オリンピック（七四八年）に、僭主《タイラント》のなかでももっとも高圧的だったアルゴスのフェイドンを招いて、かれと一緒に競技を主催した。第三四回（六四四年）には、ピサ人はその王の下に近隣地方から軍隊を集め、エリス人に代って祭りを司った。この二回とアルカディア人が祭りを執行した第一〇四回（三六四年）とは、エリス人によって「オリンピックなし」の年とされている。第四八回（五八八年）のときには、ピサ人のなかにエリス人にたいして反抗の陰謀をしているらしい者があったので、エリス人はピサの地方に侵入したが、嘆願と誓約に免じて軍を返した。しかしその後まもなく、ピサ人はその王の下にエリス人に公然と宣戦した。このたびはピサの南方の地方の人たちもピサに味方していたが、戦いの結果はピサその他の同盟市の破壊となったのである、と。

この記事のなかで、アルゴスの僭主のフェイドンを「招いて共催した」というのが注目される。

アルゴスはアルカディアの高原地帯の彼方にあり、スパルタとは終始仲の悪かったドーリア人の有力なポリスであった。王とも僭主ともいわれるフェイドンは非常にやり手の人物だったことは確かだが、その年代については矛盾した伝えがあって確定しない。しかし、かれが招かれた年代を第八回オリンピックのように早くない時期に繰り下げれば、「共催」はありえたことと思われる。というのは、まえにも触れたように、スパルタ人がメッセニアを八世紀の後半に征服していらい、スパルタのペロポネソスでの国威は大いに上り、かれらはエリス人と手を握ってオリンピアでの「顔」になっていたからである。

一方には祖先の主催権をあきらめきれぬピサ人、またかれらと系譜的に近い、古くからのペロポネソスの住民だったアルフェイオスの南の人たち、東のアルカディア人などが反エリスの点で一致していたことが右の伝承でわかる。だから、かような反目を利用して、大志を懐いたフェイドンが絶好の自己宣伝の場であるオリンピアに乗りこんだのであろう。この事件についてのもっとも古い伝えはヘロドトスにみえるが、そこにはピサ人の「招き」や「共催」のことはない。

フェイドンについての他の伝承は、かれの盛時が前六七〇年前後だったことを考えさせるので、われわれは「第八回」を二八回（六六八年）に改めて伝承を認めよう。

またパウサニアスによると、六世紀のはじめにピサその他の集落は破壊されたわけで、これは一般史家の認めるところである。一時は武力で主催者になったりしたが、けっきょくこのときにひどくたたきのめされたらしい。しかし、前五世紀半ばのゼウス神殿の建造はエリス人がピサとその服属者を征服したときの掠奪品によりおこなわれたとパウサニアスは語っている。それゆえ、ピサその他の都市が地上から消えたのは、さらに百年あまりも後のことと考えるべきであろう。

参加地域の拡大

オリンピアの祭典の発展は、競技の優勝者の出身地の地理的なひろがりに、もっともよくうかがわれる。伝えられる優勝者のリストは、不十分なものではあるが、単に出身地のひろがりばかりでなく、一つのポリスのこの競技への態度を反映している場合すらあり、それはわれわれが他の伝承から知っている史実とよく合致し、優勝者のリストがけっしてでたらめのものではないことを物語っている。

古代オリンピックの永い歴史のなかで、最高潮期の代表的な祭典は、ペルシア戦役がギリシア人の勝利をもって終った直後の四七六年のそれであったと評されている。これは第七六回であり、第一回からまさに三百年を経ている。ここにいたるまでの期間を大きく眺めると、だいたい三つの時期に分けることができる。

第一期は第一四回（七二四年）までの約半世紀であり、これはひと口にいえばペロポネソス西岸が圧倒的で、コリント湾岸のアカイアからも一人の優勝者がでているが、要するに参加者のほとんどは、ピサ、エリス、メッセニアの狭い範囲からだったと考えられる。

ところが第一五回（七二〇年）からスパルタの優勝者の名が見えはじめ、以後第五〇回

（五八〇年）にいたる約一世紀半の間はスパルタの全盛時代である。もちろんその間にコリント地峡を越えて中部ギリシアのアテネ、それからさらにエーゲ海の彼方のイオニアのスミルナも優勝者をだしたと伝えられるが、この一世紀半の期間において伝えられている七十六の優勝のうち、四十三はスパルタ市民がさらっていっている。そして前期のメッセニア人は影をひそめてしまう。これはいままでたびたび触れた八世紀後半のメッセニア戦争でメッセニア人がスパルタ人に征服され、スパルタ人に生産物の半分を搾られるという奴隷身分に顚落した結果、スパルタがにわかにオリンピアに近くなったためである。

一方、このころのスパルタは、のちのいわゆる「リュクルゴス制度」の封鎖的な社会とちがって外国との交通も自由だったようだし、また外国人にたいしても国境を開いていた。アルクマンという有名な抒情詩人がはるばるやって来て、少女たちのために合唱歌をつくったりしていた。開放的な時代で、もともと体育や武事には熱心なスパルタであったから、オリンピアで続々と優勝者をだしたのは当然である。

ところが第三期の五七六年から四七六年の一世紀――それは古代オリンピックの本当の意味での最盛期であったが――この時期にはスパルタ人は急に影をひそめてしまう。

この顕著な変化の説明も容易である。それは七世紀の末に起こったメッセニア人の大反乱によりスパルタというポリスが永年にわたって存亡の危機に立ち、辛うじて戦禍のおさまった後に、内政上・外交上の方針を徹底的に改めたからである。このときからスパルタは「外人追払い」で有名な鎖国主義をとるようになり、外国への選手派遣も、禁止はせぬまでも好まなくなったと考えられる。

前七五〇年ころから五五〇年ころまでの二世紀は、ギリシア史の上では植民市建設運動の時代である。この期間にギリシア人は、アッシリア勢力下の地中海東岸やカルタゴ人の勢力圏であったアフリカ西岸を除いて、地中海岸、黒海岸の諸所に進出して重要な植民市をつくった。とくにイタリアの南部、シシリー島の東岸・南岸にできた植民市には、シュバリスとかシラクサとかの繁栄した市が多く、黒海の入口のビュザンティオンとかアフリカ北岸のキレネなども富強をもって聞こえた。

前六世紀に入ると、それらの植民市はオリンピアの祭典に積極的に参与し、すでに見たようにつぎつぎと「宝物殿」を建設するだけの力をそなえていた。オリンピアはこの時期になって本当に全ギリシア人の精神的な故郷となり、その祭典は真に全民族的なものとなった。

以上みた時代分けでは、第二期の末から三期にわたって僭主《タイラント》という独裁者が多くのポリスに出た。これは平民の台頭、貴族支配の動揺の生んだ現象であったが、僭主のなかにはオリンピックに出場して優勝したと伝えられるものもある。

たとえば、「婿えらび」の話で紹介したシキュオンの僭主クレイステネスは、五七二年(第五二回)に戦車競走で優勝しており、おなじころにコリントの僭主ペリアンドロスも戦車で優勝した。そのほか僭主にはならなくても、僭主の一族や僭主と争った貴族たちからも優勝者がでている。

時代は七世紀末に遡るが、アテネ人のキュロンの場合はとくにおもしろい。キュロンは名門の出であったが、オリンピアの競技に優勝し、隣国のメガラで当時僭主になっていたテアゲネスの娘を妻としていた。競技での優勝で市民のあいだに名声が上ったうえ、僭主の婿にもなった貴族の若殿は、政治的野心を燃やしはじめた。そこでデルフィの神託に伺いをたてたところ「ゼウスの最大の祭りの折にアクロポリスを占領せよ」との託宣であった。キュロンは、これはオリンピアの大祭のときを狙えということで自分に関係の深いよいお告げと心ひそかに喜び、メガラの兵力を招き入れてアクロポリスを占領したが、案に反してアテネの民衆は貴族たちの指揮に従ってかれを包囲し、クーデターの計画はみじめな悲劇に終った。

これは、その後のアテネの歴史からみると時期が少し早すぎたのだが、名門出のオリンピアの勝者の心理を教えてくれる点で興味がある。

種目の増加

毎回のオリンピック優勝者は大勢いたわけであるが、ごく初期についてはスタディオンを一回走る短距離競走の勝者しか伝えられず、また後世の史書に各種目の勝者のうち、短距離競走の勝者が代表として第何回という回数とともに年を表わすのに使われている。それで初期にはこの種目しかなかったとの伝えがあるが、われわれは、戦車競走、円盤投げ、槍投げ、ボクシング、レスリングも最初からあったろうと想像した。その他の種目は明らかにあとからふえていったもので、その追加の年次も伝えられている。

一四回（七二四年）には、ギリシア人がかれらの笛にたとえて「二本笛」とよんだスタディオンを往復する種目が加わり、そのつぎの回には、何度も往復する長距離が加わった。一八回（七〇八年）には五種競技、すなわちランニング、幅跳び、円盤投げ、槍投げ、レスリングを組み合わせたものがはじまった。

三三回（六四八年）にはパンクラティオンが加わったが、これは「全力技」とでも訳すべき激しい格闘である。ボクシングにレスリングを加えて、それをひどく荒っぽくしたもので、このような当麻蹶速《たいまのけはや》的種目、節度を越えた点で、またサディスティクな点で非ギリシア的な感じのものが、この時代に種目として認められ、その後ながくつづいたのはやや不思議である。またこの年に競馬もはじまった。

このような時期にはじめて競馬が登場したのには理由がある。古いころには馬は戦車をひくために用いられ、騎乗ははやらなかったからである。当時は鐙《あぶみ》がまだ知られず、鉄の馬蹄もなかったので、馬に乗るということは、けっして楽ではなかった。それに、ギリシア本土や島々では山坂や石ころ道が多く、乗馬に適しない地形のところが多かったからでもある。

したがって、中世西欧的な騎兵隊が、このころのギリシアで軍事的にどの程度活躍したかも問題である。しかし前七世紀の中ごろからは、貴族たちがミケーネ時代いらいの馬車をやめて馬に乗るようになったことは事実であり、これが競馬という種目になってあらわれたのである。なお戦車については二五回（六八〇年）に四頭立て戦車競走の新種目が伝えられるが、これはそれまでの二頭立てが四頭立てになったのであろう。

つぎに、年齢によってランクを分けて競争させるという考えが生まれた。これは、体育競技がある程度の普及をみた結果、少年時代からの訓練が必要だとの認識が生まれていたことがあずかっていると思われる。

これらの種目増加がおこなわれたのは、時代分けでいうと、すべて第二期、つまりスパルタの積極参加の時期においてである。スパルタでは――後世のことから推すと――少年の体育が早くから重んぜられていたので、少年の種目はそれの影響だったかもしれない。三七回（六三二年）には少年のためのランニングがはじまり、四一回（六一六年）には少年たちのボクシング仕合が加わった。なお、少年というのは、後世では十七歳までで、十八歳以上は大人であった。それから百年もおくれて六五回（五二〇年）に武装競走が種目にとり入れられたことはすでに述べた。

槍投げをする全裸の男。前525年ころのアッティカの杯絵

全裸のはじまり

古代のオリンピック競技が全裸でおこなわれたのは周知のことだが、はじめからそうだったわけではない。

ツキディデスはその史書のはじめの、ギリシア古史を回顧した部分のなかでつぎのように述べている。

「スパルタ人が裸体の風習をはじめ、人の前で着物を脱ぎすて、また体育するときに体にテカテカに油を塗った。昔はオリンピアの競技でも競技者は恥部に下帯をして仕合いをしたもので、これをやめてからまだたいした年数にならぬ。異民族《バルバロイ》のうちのあるもの、とくにアジアの民のあるものにおいて、ボクシングやレスリングの賞品つきの仕合いがおこなわれるが、かれらは下帯をして仕合いをする。昔はギリシア民族も今日の異民族と似た生活様式をもっていたことについては、この他にも種々の実例を挙げることができるであろう」

裸を見られることを男にとっても大変な恥とするのは異民族一般の習俗だ、とは同時代の「歴史の父」ヘロドトスも誌すところである。ここでいう「裸」が全裸であることは、ツキディデスの記事や、ギリシア彫刻で明らかである。かりに彫刻は実際とは別というならば、今日多数のこっているギリシアの壺や杯に描かれた競技の図がみな全裸である。

ツキディデスの「下帯をやめてから、たいした年数にならぬ」というのはいかにも曖昧だ。ところがここに別の珍しい史料がある。アテネの隣りのドーリア人のポリスのメガラの跡で、一七六九年に一つの短い詩を誌した碑が発見された。

メガラ人はデルフィの神託にしたがいオルシッポスのために、
ひと目をひく記念碑としてここに私を建てた。
かれこそは敵が広い土地を奪っていたとき、
祖国のために長い国境を回復し、
ヘレネスのうちオリンピアで裸で栄冠をえた最初の人。
それまで人びとはスタディオンで下帯をつけていたのだ。

この碑が発掘されたところは、前五世紀半に遡るだろうという「オルシッポス（オルリッポス）の墓」なるもので、詩の作者は当時の第一流の詩人のシモニデスではなかろうかとされる。この「オルシッポスの墓」のことは例のパウサニアスも誌しており、この詩を読んだようである。そしてかれは、

「思うに、オルシッポスは全裸の方が走りやすいと思ってわざと下帯を棄てたのだろう」

と付記している。

ところが紀元前一世紀のハリカルナッソスのディオニュシオスは、オリンピックにおいて裸で走った最初の人はスパルタ人のアカントスなる者で、第一五回のことであると書いており、このアカントスとオルシッポスをともに第一五回の長距離と短距離での優勝者とする伝承は早くからできていた。第一五回は前七二〇年で、スパルタ全盛の第二期のはじめであり、アカントスはスパルタ出の最初の優勝者として新しい時期を開いたことになる。

走りやすくするために脱いだのだろうというパウサニアスの合理的解釈は、日本人の緊《きん》褌《こん》一番の逆でおもしろいが、この他にも走っているうちに自然にとれたのだとか、それを後から走っている者が真似して脱いだとか、短距離の競走中ではありそうもないお伽話がつくりだされた。そんなことはどうでもよいが、気になるのはツキディデスのいう裸体の風の年代の新しさと、第一五回という古さとのくい違いである。

この点については、ランニングだけは早くから全裸でする風習だったが、ボクシング、レスリング、円盤投げ、槍投げ、幅跳びはあとになって全裸になったとする説が十九世紀からとなえられており、反証はない。また、きわめて珍しいものだが、六世紀末のアッティカ製の壺の絵には白い下帯をしてレスリングをしている図がある。しかしそれをオリンピックに及ぼしうるかどうか、こういうこまかい下帯論議は私の手に負えない。

オルシッポスはメガラ人、アカントスはスパルタ人で、ともにドーリア人であった。その点で、ツキディデスが全裸の起源をスパルタにあるとしているのと一致することに注目しよう。プラトンは、この風習はクレタに起こり、スパルタ人が真似たといっているが、クレタに入ったのもドーリア人であり、そこのポリスの生活は、たとえば市民たちの共同食事などスパルタに似たところが多かったので、どちらがさきかはたいした問題ではない。

ところで、古く遡って、これはギリシア人ではないが、エーゲ文明のクレタを見れば、ここでは全裸の風はなく、ボクシングも牛跳びも下帯をしておこなわれている。エーゲ文明系のミケーネ時代のギリシア人も同様であったろう。その時代の伝承を素材とし、その時代からギリシアに入っていたイオニア人の世界でつくられたホメロスの詩においても、全裸の風はまったくない。

たとえば、トロヤ攻囲中の軍会において平民の出であるのにかかわらず不遜の発言をするテルシテスにたいして、オデュッセウスが威嚇する言葉は、「きさまの恥をかくしてる着物をひっぺがすぞ」であった。そのオデュッセウス自身がファイアケスの島に漂着して、王女ナウシカアや侍女たちに見つかりそうになったときに第一にしたことは、森から葉の茂った枝を折って裸身をかくすことであった。かれはまたアキレウス主催の競技でレスリングをする際に、あらためて褌《ふんどし》をしめて立ち合いをしているから、競技でも羞恥感はおなじだったわけである。

クレタ人にせよスパルタ人にせよ、ミケーネ時代の世界を倒して征服者としてポリスを

オリーヴ油を手にたらす競技者（左）。前6世紀末のアテネの杯絵

うち立てたのであり、被征服者を奴隷身分に陥れて支配していたのである。はじめから全裸という「原始的習俗」をもっていたと考えるのは誤りであろうが、エーゲ文明系の習俗に染んでいなかったため、武事・体育にはげむうちに全裸をよしとする風が生まれ、おなじく新しく侵入したギリシア人であるエリス人の主催するオリンピア祭に、スパルタ人が多く参加したため、われわれの眼からは恥ずかしい風習がひろまったのであろう。

なおその開祖というオルシッポスは、碑文の詩句によると、競技に優勝したばかりでなく祖国の防衛においても活躍したらしい。このような人物が本当のオリンピック精神の権化であった。

なお、貴族の子弟や僭主なども続々参加したとまえに述べたが、かような人たちは好んで戦車競走に出場した。それも実際に馬を御したのではなくて、馬の持ち主として「優勝」した場合が考えられるが、みずから競技した場合にもけっして裸にはならなかったことを忘れてはならない。

ツキディデスは、体に油を塗って競技する風もスパルタ人がはじめたと伝えている。この風習はたちまちにしてひろまり、後世の体育場におけるオリーヴ油の消費量はたいへんなものだった。競技ばかりではない。体にオリーヴ油を塗ってテカテカさせて快感を覚えるのは、一般人においてもおなじだった。一風呂浴びたとき、日本人ならサッパリして気持がよくなるのだが、ギリシア人はオリーヴ油で塗り上げないと満足しないのであった。この習俗は今日の西欧人にもよくわからないそうである。

「人は米の精なり」とは、江戸時代の「忘れられた思想家」安藤昌益の言葉であるが、ギリシア人に言わせたなら「人はオリーヴ油の精なり」であろう。今日、地中海を旅行して、いちばん私が参ったのは、未精製のオリーヴ油のギトギトする料理だが、これも日本人には好まれない羊の肉とオリーヴ油で育ち、オリーヴ油でテカテカの体の若者たちが炎天の下に競技したのだ。そして優勝すればオリーヴの小枝の冠である。

競技会の普及

オリンピアのことではないけれども、オリンピックと体育競技の人気が前七世紀末までにいかに大きくなっていたかを知るためには、別の地域での競技会の誕生をみるのがもっともよい。幸いにそのうちの重要なものの成立年代がわかっており、ブームの様子を推察することができる。各ポリスには少なくとも一つの競技会があったと言われるほどで、そのポリスの市民だけの参加する競技会は数えきれない。神殿とアゴラ（中心広場）とがポリス的生活の象徴であったが、やがて体育場の有無がポリスと村との差別の一つと考えられるようになっていった。

オリンピック以外の祭りでその競技が全民族的な名声をえて人びとを集めたものに限って触れておくが、それらはみな前六世紀前半の短い期間のうちに、そういったものに成長している。

もっとも有名なのはデルフィのピュティアの祭典である。デルフィは巫女ピュティアの口を通じてのアポロンの託宣で古くから知られ、八年ごとの祭りには音楽の競技がおこなわれていた。ところが前五八二年に、それは四年ごとの祭りとなり、オリンピアのそれを手本として体育の競技が加わった。そして賞品も、在来の実益的なものから月桂樹の冠に改められた。今日よくのこっているここのスタディオンについてはすでに触れた。

おなじ年に、コリントの地峡にあるイストモスで古くからおこなわれたポセイドンの祭りが全ギリシア的な祭典として出発した。これは二年目ごとに開かれ、賞品は松葉の冠であった。最近の発掘により、ここのスタディオンのスタートの敷石が発見されたと報ぜられている。またコリントの近くのネメアでも、古くからの競技が、二年ごとのゼウスのための競技として新発足した。ここでの賞品はパセリの冠であった。

イストモスは海陸の交通の要衝にあり、その競技は豊富な種目をそなえて参加者も多かったが、ネメアのはペロポネソスのドーリア人が主であったらしい。

とにかく以上の三つは民族的な祭典競技として認められていた。そしてこれらの競技の賞品がオリンピアのを範として、すべて実益のある品物ではなく、栄光を象徴する植物の冠に過ぎなかったことに注意しよう。

しかし、他のポリスごとの競技では、昔からよく使われた青銅の鼎とか、楯とか、各地の特産品とか、はなはだしいのは祭りに供えた犠牲獣の肉とかいう実用品があたえられていた。古い由緒とそれによる名声がないかぎり、「植物製の象徴」ではやはり人気が湧かなかったのであろうか。

アテネはそこから産出するすぐれた陶土によって、六世紀の半ばころからギリシア第一の陶器の名産地となっていた。またその風土はオリーヴに適し、オリーヴ油だけは早くから輸出できるほどたくさんつくられた。アテネ人が、かれらの四年目ごとの大パンアテナイア（全アテネ祭）の競技の賞品を、大きな両手壺にオリーヴ油を入れたものと決めたのには、お国自慢のお土産的な性格がうかがわれる。その壺にはアテナ女神の図と、各種目ごとにそれをあらわす競技の図がついていた。アテネ以外の人たちも競技に参加したので、この賞品は地中海各地にもたらされた。一人一壺というわけではなく、たくさんあたえられたためであろうか、今日も無傷でのこった出土品が欧米の博物館でよく見られる。

この祭りは、古くからあったパンアテナイアの年祭を保存しながら四年ごとにその大祭をおこなうことにしたもので、創設の年代は前五六六年、それをおこなったのは有名な僭主ペイシストラトスと伝えられる。もっともかれはそのころはまだ僭主政を樹立していないので、あるいは有名な改革者・立法家のソロンの晩年の仕事かともいわれる。ソロンは、オリンピック優勝者には五百ドラクメーという当時としての大金をだすことにしたと伝えられるほどであるから、このような改革にも一役買った可能性はあろう。

とにかく六世紀の前半には、ギリシアの各地で大なり小なりオリンピックをまねる風潮が生まれていたようである。そしてパンアテナイア祭は体育競技のほか音楽のそれもあって盛り沢山の種目を並べ、つぎの世紀にアテネがデロス同盟の覇者となったこともあずかって、ギリシアの大祭典の一つとなった。

民族の誇り

ギリシア人は自分たちをいつもヘレネスと称していた（ギリシアということばは、イタリアのローマ人がかれらを指して呼んだ名に由来する）。そしてヘレネスは異民族のことをバルバロイとよび、それが今日の「野蛮人」の意味の英語にものこっているが、この呼び名のもとは、ギリシア人たちにとってよくわからぬことばをべらべら喋る者、というところにあった。このことばは、イリアッドのなかにすでに見え、一方「全ヘレネス」ということばもイリアッドとヘシオドスに使われている。

地中海の東西にひろく植民市を建設して異民族にとりかこまれた生活をするようになると、ギリシア人は、異民族と自分たちとの間の差異をさらにはっきりと自覚するようになった。そして政治的にはポリスがいがみ合っていても、それを乗り越えた民族の共通の地盤についての意識が成長していった。

その場合、ギリシア人が異民族との差異の標識としたものは言語の差のみではなく、宗教やポリス的生活の有無などいろいろあったが、オリンピックのような、民族に共通できわめて公平・厳正な競技会をもっていることがギリシア人の民族的な特色であり、誇りであると自覚された。とくに、実益のある賞品が目当てではなく優勝の栄誉が目的だという点が、異民族の競技との決定的な差異として捉えられていた。

歴史の父といわれるヘロドトスの史書は、オリンピアの歴史やその競技の発達史についてはほとんど語っていない。ところが、いまわれわれが問題にしていることについて、かれの本は非常におもしろい話を伝えている。オリンピックばかりでなく、ギリシア人の——厳密にいえば古きよき時代のギリシア人の——幸福論を展開しているのもヘロドトスであり、それはけっしてオリンピックと無縁ではないので、まずそれからさきに述べよう。

前六世紀の前半、小アジア西部ではリディア王国が強盛を誇っていた。エーゲ海岸のイオニアのギリシア人のポリスもみなこれに服属していた。五九四年にアテネで、市民の借財の帳消しという英断をおこなって社会の危機を救い、さらに公法・私法の改革の大事業を果たしたソロンは、仕事を終ったのち外国漫遊に出かけ、リディアを訪ねた。ときの王クロイソスはソロンを国賓として迎えたが、自己の宝庫にかれを案内させ、金銀財宝の山を見物させたのちに、かれに向ってつぎのような質問を出した。

「あなたは賢人として世に名高く、世界を広く見ておられるが、あなたの会った人のなかで、もっとも幸福な者は誰であろうか」

クロイソスは、「陛下であります」という答えを予期してこの質問をしたのだったが、ギリシア七賢人の一人に算《かぞ》えられたソロンの答えは妙であった。アテネ人のテルロスなる者が至福者だというのである。なぜならば、かれの在世中その国が栄え、かれ自身善かつ美なる息子たちをもっていた。そしてかれは孫たちの成人するのを見とどけることができたし、さらにかれの最期が世にも光輝あるものだった。隣国との戦いに奮戦して敵を撃退したが、みずから戦没して、その斃《たお》れた場所で国葬の栄誉をあたえられたから、というのである。

それではテルロスのつぎに幸福なのは、との王の問いにたいしてのソロンの答えは、アルゴスのクレオビスとビトンの兄弟であった。その理由として、かれらの家は暮しに困るようなことがなく、そのうえかれらはたいへん体力に恵まれていたので、諸所の競技で賞を得ることができた。それにこんなことまであった。アルゴスのヘラ女神の祭りに、かれらの母が車で行かねばならぬことがあった。畑から牛を連れて来る時間がないほど急だったので、兄弟は母を車にのせ、自分たちは牛のかわりに軛《くびき》に首を入れてひいて行った。四十五スタディオン（約九粁《キロ》）を引っぱって神殿に到着した二人は、祭りに集まった男たちにより絶讃され、また母は、かような息子をもっていることにたいし女どもから言葉をきわめてほめたたえられた。母は喜びにたえず、女神の像の前に直立して、クレオビスとビトンの二人に、人間の望みうる最高の幸福をあたえられんことを祈った。祭典の犠牲が供えられ、型のごとくにぎやかな饗宴となった。それがすんで兄弟は一休みするため神殿のなかで眠ったが、ふたたび眼をさますことがなかった。アルゴス人たちは、かれらこそもっとも優れた人間であるとして、その像をつくり、デルフィの神殿に奉納した――。

これにつづくソロンの貧富比較論、人生論のなかでは、中庸の財しかない者の方が富者よりも身体が健全で、よい子供に恵まれ、見た目にも美しいという主張だけを挙げておこう。極貧でもないが、莫大な財産もない一般の市民、具体的にはまえにギリシア民主政の基盤になったと述べた中・小の土地所有農民、こういう階級が理想的な人間であり、そういう家庭に、テルロスの子供についても使われている「善かつ美なる《カロスカガトス》」人間が育つという考え方である。

善かつ美という形容は、貴族たちの間で普及したといわれるが、ここではむしろ平民層に結びつけられ、重装歩兵がすでに政治的に台頭した時代を反映しているとみてよいであろう。ここでいう美《カロス》とは、男性の美のことであり、それは太りすぎたり、やたらに筋肉がもり上ったりしすぎてはいけない、均斉を保ったものでなければならなかった。

ギリシアの彫刻や杯、壺の絵にみられる男性の肉体は、たしかに美しい。そこには多分に理想化がある。いま見た二つの話もおそらく多分に理想化されているであろうし、事実の年代考証などをはじめると、まずソロンがクロイソスと対話したか否かも問題である。しかしわれわれとしては、ここでせんさくする必要はない。このような話の生まれた社会であったこと自体に意味があるからである。

あとはオリンピックに直接関係する話である。

エジプトでプサンミスすなわちプサンメティコス二世（前五九四―五八九年）が王だったとき、エリスの人たちはエジプトに向けて使節を送った。かれらはオリンピアの競技がもっとも公正であるという自信をもっていたが、エジプト人が智恵にすぐれていることを知っていたので、何かさらに改良できることはないかと思ってはるばる海を渡らせたのであった。

エジプト王は国内のもっとも賢明な人たちの会議を催し、招かれたエリスの使節たちはオリンピックの規定をこまごまと説明した。エジプトの賢者の一人はしばらく考え込んだのちに「エリスの人たちも競技に参加できるかどうか」と質問した。参加は全ギリシア人に公開されていると返答すると、エジプト人は「それではとうてい公正は期せられない、公正を期するならばエリスの選手の参加はやめにするがよい」と勧告したという。

これは六世紀はじめのことであるから、すでにオリンピアは単なるエリスの一神域ではない大きな存在になっていた。そこの出土奉納品も、前七世紀以後のものは当時のギリシア美術工芸の一般的風潮を反映して、「オリエント風」の意匠を示したものがいろいろ出ている。なかには明らかにオリエントでつくられたものすらある。そしてエジプトにはギリシア人が傭兵として、また取引きに出かけていたから、エリスのオリンピック運営委員たちもエジプトの歴史の古さは知っていたであろう。

しかしヘロドトスのいうような意図でエジプトに使節を派したかどうか。前六世紀の半ばに出たアマシスという王のとき、ナウクラティスというギリシア人の植民市がナイルのデルタに建設されているから、この話はヘロドトスがこの市のギリシア人から聞いたのではないかと思われるが、使節云々は別として、この話ではオリンピックの公正とそれについてのギリシア人の誇り、と同時に、異民族にたいするかれらの一種の軽蔑が、皮肉とユーモアを交えて巧みに語られているではないか。

つぎに紹介するのも、おなじくオリンピックへの誇りをこめた話である。前四八〇年にペルシアの大王クセルクセスが、雲霞の大軍をひきいてギリシアに侵入した。この年はたまたま第七五回のオリンピア祭にあたっていた。ところが、この民族最大の危機にもかかわらず祭典の競技はいつものようにおこなわれ、優勝者の名も伝わっている。これはギリシア人のこのときの不統一の現われであり、それにオリンピックがいかに特別のものであり、エリスがいかにギリシア本土中の僻遠の地とはいえ、民族の祭典という点からみて、それを中止して戦列に加わることをしなかったエリス人は、冷淡と利己的の非難を免れえない。

しかし、その議論はともかくとして、ヘロドトスの伝えでは、有名なテルモピレーの戦いの直後、ペルシア軍に投降したアルカディア出身の兵から現在オリンピアの競技がおこなわれていることを知ったペルシアの一指揮官は、その賞品は何かと訊ねた。そして賞品が金《かね》ではなくてただオリーヴの枝の冠だときいたとき、「われわれは名誉だけのために競う人たちとの戦争に駆り出されたのか」と驚いたという。

著名な競技者たち

ギリシア史において、個人として伝記のわかるもっとも古い例は、すでに述べた農民詩人のヘシオドスであり、七世紀半ばの抒情詩の祖、パロス島出のアルキロコスがこれにつぐ。

アルキロコスの作品は断片しか伝わっていないが、かれは貴族と奴隷女との間の子であった。貴族全盛の時代に、この不運の星の下に生まれたかれは、失恋のあげく相手の女とその一族に痛烈な悪罵の詩をもって仕返しをするような負けずぎらいの性格の持ち主であった。自身は祖国を去って植民者に加わったり、傭兵になって諸所を転々したり、いろいろ人生の苦労をなめた。その間に一度、敵に逐われて自分の楯を投げ出して退却したことがあった。「楯を投げ出す」ということは後世まで臆病の代用語のように使われていた。しかしかれは自分のこの行為にたいする人びとの嘲笑にたいして、負けずに自己弁護の詩をつくっている。

このアルキロコスはオリンピアに無縁ではない。というのは、かれのつくった勝利の歓びの歌が、競技優勝者をことほぐ歌として歌われるならわしとなったからである。

政治に活躍した人物で個性のわかるものとなると、さらに時代は下ってくる。一般的にいえば、僭主たちにおいてはじめて個性のあるギリシア人がとらえられるといわれるが、われわれがいままでに知った人びとのなかでは、僭主になりそこねたアテネ人のキュロン、それからこれは六世紀に入るが、あの改革者のソロンあたりがその例になろうか。

ところで、オリンピアでの優勝者となると第一回のコロイボス以下、古いところはみなわからない。裸の開祖のオルシッポスが武事にも功をたてたと伝えられるのは、むしろ例外である。僭主で戦車競走に勝った人たちの場合は家柄や政治活動などがわかるのであるが、そうでない者の伝記は一向にわからない。それはそのはずである。今日でもオリンピック優勝の栄冠をえた同胞についてアムステルダムで、ベルリンで何に優勝したかということ以上に、かれの生い立ちや、アマチュアである以上何かの職業人であるはずだが、そんなことは書かれることが少ない。古代には今日の意味の「職業」の意識はないにひとしかったから、事情はなおさらであった。

したがって名競技者の伝記は、けっきょくかれの体力と諸所の競技でのたびたびの勝利の話になる。誇張や不正確のあることは覚悟のうえで、それを一、二あげてみよう。これらの伝記はパウサニアスがオリンピアで、それぞれの人の記念の立像に因んで誌している。

エウボイア島のカリュストス出のグラウコスは、はじめにはありふれた農民の子であった。あるとき耕作中にかれの犂頭がはずれたが、かれは槌《つち》を使わずに手でこれを打ち込んだ。子供の仕草をみた父親は、かれを六五回（前五二〇年）の祭典にオリンピアに連れて行き、ボクシングに出場させた。もともとボクシングの心得は皆無なので、相手によって散々の傷を受けた。最後の相手との試合で、もう立ち上れないかと見えたとき、かれの父が「犂の小僧、ガンバレ」とどなったので、少年はたちまちに起き上って相手に痛烈なパンチを加え、勝利をえたという。

この話のとおりだとすると、オリンピックに飛び入りができたようだが、素朴な農民生活とオリンピックの晴れの仕合いとの結びついているところが、この伝説の値打ちである。グラウコスはピュティアの競技で二回、イストモスとネメアのそれで八回ずつ栄冠をえたという。

六世紀後半、南イタリアの植民市クロトンにミロンというレスリングの名人がいた。かれは第六〇回（前五四〇年）から六六回（前五一六年）まで前後六回オリンピアで優勝し、六七回の競技で同郷の若いティマシテオスのためついに敗れた。ミロンの勝利のうち最初の一回は、少年組でのそれだったが、その体力のながくつづいたことはたいしたものである。かれはピュティアでも前後七回優勝した。

このころクロトン市はデーモケーデースという名医を生んでいるが、ミロンの娘はかれと婚約した。デーモケーデースはこの婚約により、ミロンの名声を知っているペルシアのダリウス一世に自分のクロトンにおける社会的地位を示そうとしたのだとヘロドトスは解釈している。ミロンにまつわる伝説は少なくないが、その一つに、かれはオリンピアの神苑に自分の立像を一人で運び込んだといわれる。

ペルシア戦役時代のもっとも有名な力士は、タソス島のテアゲネスであった。ボクシングと荒っぽいパンクラティオンの両方を得意としたかれについては、こんな伝説がある。少年のころ「学校の帰りに」市の広場から、自分の気に入った立像を捻じ倒して家に持ち帰った。人びとはあきれてテアゲネスの処罰を論じたが、少年を罰するよりも、もう一度広場まで運ばせてみたら、ということになった。少年がそれを立派に果たしたために、その体力は大評判となった。

かれはオリンピアでは二度優勝しているにすぎないが、それは平凡な優勝ぶりではない。第七五回（前四八〇年）に、自信満々のテアゲネスは、一度にボクシングとパンクラティオンの両方の栄冠をとろうと狙っていた。まず前回のボクシングの優勝者、南イタリアのロクロイ出身のエウテューモスを負かしたのはよかったが、そのために疲労はなはだしく、パンクラティオンの方は棄権してアルカディアのマンティネア出のドロメウスが不戦勝となり、これがオリンピックでの不戦勝の最初の例といわれる。

このとき、エリスの競技委員たちは、テアゲネスがエウテューモスとボクシングをしたのはただかれの優勝の邪魔立てをする意図からでたものでありフェアでない、そのうえにそれに疲れて棄権という前例のないことを生んだ責任をとるべきだとし、ゼウス神にたいし銀一タラントン、エウテューモス個人にたいし一タラントンを支払うべしと命じた。つぎの七六回、すなわちペルシア戦役後の初の大会で、古代オリンピックのピークといわれる大会に、かれはゼウスへの贖罪金を立派に納め、エウテューモスにたいしてはボクシングに出場しないことで償いをし、パンクラティオン一本で栄冠をえている。

テアゲネスは、ピュティア以下の三大競技会でもたびたび優勝したが、「足の迅い」アキレウスの名声をも獲たいと冀《ねが》い、この英雄の生まれ故郷のテッサリア南部の競技で長距離に優勝した。後世、かれが生涯にえた栄冠の数は千四百に及ぶと噂された。そして故郷のタソスではもちろん、ギリシアの諸所にかれの像が立ち、人びとはかれを神のごとくに崇めた。

テアゲネスの苦い経験でもわかるように、オリンピックの委員たちはなかなかやかましかった。優勝者の華やかな話のかげには、つぎのようないたましい出来事も伝えられている。

エーゲ海の小島アステュパライアから来たクレオメデスは、ペロポネソスのエピダウロスのイッコスと第七一回（前四九六年）にボクシングで栄冠を争ったが、イッコスが仕合いで死んだため、勝ちながら反則と判定されて冠をあたえられずに終った。失意のために気が変になったのであろう、故郷に帰ってのちのかれには奇怪な行動があった。かれは市民たちに石を投げられてついに姿を消した。しかし後になって人びとはデルフィの託宣にしたがい、かれを英雄として崇めるにいたったという。

以上はみな六世紀後半から五世紀前半にかけての人であるが、さまざまな種目のうち、ボクシングやレスリングやパンクラティオンのような力技の勝者に大衆の人気が集まったことが、これでわかる。

オリンピアの出土品のなかに、重さ百四十三キログラムの砂岩の石があり、前六世紀の文字で「ビュボンが私を片手で頭越しに投げた」と書かれている。他のところでは持ち上げた者の名を誌したもっと重い石が出土している。これもやはり同じ世紀のもので、力技の人気を物語っている。

ビュボンの石の文字

この時代になると、もう神苑にはかなりの数の優勝者の立像が立っていたであろう。優勝者の像はかならず立てられたわけではなく、著名な競技者で像のない者もあったが、像が立てられはじめてからもうかなりの年数になっている。パウサニアスは第五九回（前五四四年）のボクシングの勝者アイギナのプラクシダマスの像と、六一回（前五三六年）のパンクラティオンの勝者、オプースのレクシビオスのそれが最古のもので、それらは木彫であると誌している。しかし別のところで、第三八回（前六二八年）のスパルタ人エウテリダスが少年組のレスリングと五種競技で勝って像を立てられた、と誌しているのがもっとも古い。かれは、この像は古く、その台座の文字は磨滅している、とつけ加えている。

神苑に立像が立ち並んだ六世紀の末ころから、前に述べたアルキロコスの既製品の勝利の讃歌ではもの足りなくなり、優勝者個人あるいはその周囲の者が一流の詩人に頌詩の作成を依頼する風も起こった。ケオス島のシモニデスとかれの甥のバッキュリデス、それにとくにわれわれにすでに親しいテーベのピンダロスが、そのような詩をつくった。ピンダロスの現存作品の大部分はオリンピア以下の四大競技の優勝者への頌詩であるが、その中にはケオス出の二人の詩人にたいする強い対抗意識がにじんでいる。

この三人の詩人の在世中が、古代オリンピックの本当の意味での絶頂であった。その後には優勝者への頌詩作成はおこなわれなくなっている。

Ⅳ　祭典への招待

エケケイリア

オリンピックは四年に一回のゼウス神の祭典にともなう競技会であった。それはギリシア人の民族の祭典であったが、一民族が多数のポリスという小国家に分かれていた世界にあっては、民族の祭典は一つの国際的祭典であった。

ポリスの市民は戦士であることが当然とされ、ポリス同士は対立・抗争しているのが常態であった。すでにみたギリシア人の一民族としての誇りや自覚は、ポリスという政治的な枠にたいしては、はなはだ非力であった。

そういう分立抗争の世界に、よくもオリンピックなどが成立したものとすら思われる。それは要するに、古代人にとっての宗教とか祭典のもっている意味や魅力を抜きにしては考えられない。民族の神々のうちの主神の、それも毎年はない大祭、そうでなかったら、たとえばクーベルタンのような人が現われて平和のための民族的競技をいかに説いて廻っても、だめだったのではなかろうか。現に、あとでみるように、オリンピアは民族の政治的統一のための演説をするには、もっともよい場所であったが、それは何らの実効をともなわなかったのである。

古代のオリンピックは今日とちがって、個人競技ばかりであったが、個々の人がポリスという国家の代表者で、仲間の市民たちの期待を背負って闘ったことは今日とおなじであり、あるいは今日以上だったといえるかもしれない。故国のプリュタネイオンにおける大歓迎宴、立像、英雄扱い、そしてときには尊崇さえうけたことは、これをよく物語っている。今日の学者の表現をつかえば、ポリス相互の「慢性的戦争状態」が、四年ごとに競技という浄化され、昇華された形式で再現されていたともいえよう。国単位の争いからくるオリンピックの魅力は、古代も今日もかわるところがなかった。

主催者としてのエリス人の苦労は大変だったにちがいない。大祭がその名声を保ってゆくためには、できるだけ多数のポリスに参加してもらい、使節や選手や大勢の観衆を送ってもらうことが必要であった。これがかれらの最大の関心事だったと想像される。

もっとも、祭典挙行の費用はエリス人にとって大した負担ではなかった。賞品はオリーヴの枝だし、犠牲獣にせよ、選手の体に塗るオリーヴ油にせよ、比較的富裕な農業地帯であるエリス地方の人びとには、どうというほどのことではなかった。それに、四年に一回の行事であり、個人の催し物ではなかった。

今日ではすぐ問題になる選手・観客の宿泊のことも、また大した心配はなかった。それは宿泊設備であるレオニダイオンが前四世紀の後半、すなわちオリンピックの最盛期をすぎてからようやくつくられたことでわかる。このころのギリシア人の生活は簡素だったし、夏季は連日晴天であるから、簡単なテント、または蓆《むしろ》一枚あれば、五日の祭典期間を過すことは容易だったからである。

オリンピック開催のための最大の問題は、実は、オリンピアへ向けての人びとの交通の安全をいかにまもるかにあった。

それは今日の意味の交通問題ではなかった。八月の地中海はふつうは濃紺の水をたたえた湖水のようで航海には最適である。陸路ははなはだ悪かったが、人びとはそれを当りまえとして平気で歩いた。むろん車もあり、騎馬もおこなわれたが、古代のギリシア人は長途の旅を歩くことに慣れていた。

交通の安全を脅かすものは、ポリスとポリスの間の悪感情、さらに進んでは戦争状態であった。だからイフィトスによるオリンピック成立の最初から、祭典のときの武力中止が一番の問題だったことは、すでに見たとおりである。「オリンピックの休戦」というふうに訳されているエケケイリア ekecheiria は、本来「手を抑える」ことを意味し、刀の柄《つか》に手をかけたのを差し止めることであった。オリンピックが全民族のものとなった前六、五世紀にもなれば、イフィトス当時の地理的に狭い範囲の祭典であった時代とちがい、このエケケイリアを徹底させるのはたいへんな仕事であった。

「オリンピックの休戦」は、崇高な平和思想の産物ではない。それは祭典挙行のための現実の必要からきていた。しかしその実際の内容については、これまたどうもよくわからない。

祭典そのものは五日間にすぎないが、選手の合宿は一カ月前からエリスでおこなわれる。選手や観客が故郷の町から往復する期間、ポリスの世界に戦争行為がピタリととまればよいわけだが、おなじポリスでも地続きのアカイア地方のと、エーゲ海の彼方のイオニアの諸市とでは、距離に雲泥の差がある。オリンピア祭の開催を知らせてエケケイリアを命ずるエリス人の使節が、いつエリス市を出発したか、したがってエケケイリアの期間はどれくらいだったかについては、はっきりした伝承がなく、学者の間で諸説紛々である。長くみるものは三カ月としている。一カ月では短かすぎたことは確かである。

この期間にあっては、オリンピアに向う旅人はいかなるポリスの領域を通過しようと安心で、捕えられて奴隷に売りとばされるような心配はないとされた。むろん誤ってこの原則の犯された場合も伝わっているが、全体としてこの安全保証は尊重されたようである。

よくわからないのは、交戦中のポリスにたいしてエケケイリアで休戦を命じたかどうかである。ペルシア戦役中もオリンピックが平常どおりにおこなわれたことはすでに述べたが、これは異民族にたいする防衛戦だから、戦いを中止できないのは当然である。二十七年にわたったペロポネソス戦役中にも、オリンピックは中止されていない。

ギリシア人の戦争は冬は休みで、もっぱら夏期におこなわれたから、二、三カ月におよぶエケケイリアと戦争はどうしてもぶつかってしまうのである。前四二八年は第八八回オリンピックの年であるが、「麦の熟するころに」スパルタの王アルキダモスは前年同様にアッティカ（アテネの国土）に侵入して掠奪を開始し、アテネの騎兵と交戦している。このスパルタの侵入後間もなく、デロス同盟の重要な一員ミュティレネがアテネにたいし反乱を起こし、たちまち交戦となった。そしてミュティレネの使節は、スパルタ人の入れ智恵により、海路オリンピアの祭典の場にやって来た。それはロドス人ドーリエウスが二度目に優勝したときだったが、祭典ののちに使節は、自国がデロス同盟から離反した事情を人びとに訴えた。

以上はツキディデスが明記しているところで、エケケイリアの期間中でも戦争が公然とおこなわれていたことを物語る。エリス人が全面停戦を理想とし、それを説いて廻ったことはありうるが、強国の利害の前にはどうにもならなかったのである。エリスの絶対の願いは、祭典期間中、エリスの土地が穏やかであることだった。これも前四世紀に入ると破られたひどい例があるが、とにかくエケケイリアの時に、エリスに武器を携えて入ってはならぬという原則は永く尊重され、エリス地方は特別に神聖な中立地帯をもってみずから任じていた。
ただ、エリス地方というのをどこまでとみるか、ピサ人を抑えたのちのエリスの勢力圏も含めるか、となると当然はっきりしない。この点について前四二〇年に起こった一事件をツキディデスが誌しており、オリンピアの歴史にも関係が深いので触れておこう。

オリンピアの南二十キロあまりのところにレプレオンというポリスがあり、東のアルカディア人との争いの際、エリス人に援けを求めた。そしてオリンピアのゼウスに毎年銀一タラントンを納めるという条件でエリスとの同盟が成立したのであるが、それが事の起こりであった。約束どおりに銀が納まらないので、エリス人は取立てを強行した。するとレプレオンはスパルタ人に援けを求め、スパルタ人は一千人の重装歩兵をレプレオンに送った。たまたまその時は、第九〇回オリンピックの直前のエケケイリアの期間にあたっていた。

そこでエリス人は、スパルタ人のエケケイリア無視を責め、スパルタ人の派兵一人につき、「慣習どおり」銀二ムナ、すなわち総計二千ムナを罰金として支払うべきことを要求した。しかし、スパルタ人は、派兵はエケケイリア通告の使節到来前におこなわれたといって譲らない。エリス人は、スパルタ人が目前に迫ったオリンピアの大祭と競技に参加したいなら、スパルタの使節はゼウスの大祭壇の上から集まったギリシア人の前で、二千ムナを後刻支払うむねの誓約をせよ、との難題をもちだしたが、それが受け入れられなかったので、ついに前八世紀の昔から祭典に熱心だったスパルタを「供犠からも競技からも」除名してしまった。

事件の思わざる進展に人びとはスパルタ人の侵入を恐れ、武装した若者が神域を守り、アルゴス人やアルゴスで「祭典を待っていた」アテネの騎兵たちが――最近この両国がエリスと同盟関係に入った事情もあって――急ぎ馳せ参ずる有様だった。

ところがここにさらに悪いことが起こった。というのは、祭典はようやくはじまったが、第一の種目の戦車競走にリカスというスパルタ人が、「ボイオティア人」といつわって出場し、幸か不幸か一着になった。「一着はボイオティア人」と触れ役がアナウンスしたとき、かれは自分の戦車に近づいて御者に冠をあたえ、馬主はスパルタのリカスだと観衆に告げさせた。審判へレノタミアイのもとには、競技者を打つことを許された「棒持ち」がいるが、リカスはたちまちこれに打たれて恥をさらした。スパルタ人はさすがにこの時には、武力による報復はしなかったが。

スパルタとエリスがエケケイリアをめぐってこんなまずい仲になったのには、実は永い歴史的な理由があった。

前四七一年、ペルシア戦役後の一般的風潮によりアテネに倣ってエリスの政体が民主化し、それにフィディアスが来てゼウス神の像をつくったりして、エリスとアテネとの関係がにわかに親密の度を加えた。そしてアテネ・スパルタ間の大戦争となり、前四二〇年、このリカスの事件の直前に、エリスとアテネおよびアルゴスなどとの間に正式の同盟関係が成立していたのである。オリンピックの平和も休戦も、現実の政治の前にはしばしば破れたのは、エリスが完全な中立を保たなかったことによるのであり、さらに遡れば、古代オリンピック運営委員会なるものがポリスの代表者たちから構成されたものでなくて、エリス人のポリスに委ねられていたことがもとである。

しかしギリシア史の上からみれば、超ポリスの委員会などを待っていたら、オリンピックが成立しえたかどうかははなはだ疑わしい。

エケケイリアの問題は、われわれを前五世紀末の不祥事にまで下らせたが、これはオリンピアの永い歴史のなかでは例外的な事件であった。大きくみればエケケイリアは、強制する強い武力がなかったにもかかわらず、よくその役割を果たしていたといえる。

大祭迫る

オリンピアの祭典と競技は、どんなふうにおこなわれたのであろうか。不幸にして、観た人の筆によるまとまった記述がないので、これまたよくわからない。

ピンダロスのオリンピック優勝者への讃歌は十四篇もあるが、勝者の家系だの、その祖国のことなどをやたらにほめるだけで、かれが仕合い中にどのように活躍力闘したかは描いていないし、まして競技の日程については、五日間であったという以外に、どんな順でおこなわれたかなどには全然触れていない。

そこで以下には後世の断片的知識をかき集めて、五世紀半の最盛期にはこうでもあったろうかと、学者の推測したところにそって見てゆくことにする。

祭典の数カ月まえに、エケケイリアを通告する使節たちがエリスを出発してギリシア世界を廻り、競技への参加を勧めた。この使いは、幾人であるか、とても全ポリスには行けぬからどの程度に説いて廻ったのかもわからないが、とにかくこれは相当に御苦労なことだったと思われる。

やがてエリスの委員会には競技参加の申込みがとどく。そして競技前一カ月間にわたるエリスでの合宿練習がはじまる。この合宿が強制的であった点が特色であるが、これで審判員のヘラノディカイや運営委員たちは、集まった選手たちを観察してかれらが参加資格に合っているか、少年組に申し込んだ者が本当に少年であるかなどを調査し、不適格者を除名することができた。

パウサニアスによると、そのヘラノディカイ自身が十カ月間合宿し、ノモフュラケスと呼ばれた規則や制度の専門家たちから、かれらの仕事についての講習を受けていた。審判員は毎年の選挙によって選ばれた素人たちだったからである。

祭典の二、三日前に、役員と選手たちはエリスから「聖道」を通ってオリンピアに行進した。途中ピエラの湧水がある。そこで人びとは潔めのために豚を犠牲に供え、ヘラノディカイたちは清水で身を潔めた。それから今日のピュルゴスのところで一泊したのちオリンピアに入った。エリスからオリンピアまでの「聖道」の距離は五十五キロ、炎天下の埃道の行進は、今日から考えると相当のものである。

一行がオリンピアに入るころには、ここに通ずる道という道は、観衆や大祭目当ての商売人が引きもきらずの有様である。とくに選手一行の通った「聖道」が、北部・中部ギリシアからの観衆で混んだようである。西方から船で来た人びとは、アルフェイオス川を遡れるかぎり上ってから歩いた。アルフェイオスの谷沿いの道は、アルカディアの牧人たちを運んだ。神域の西側と南側、アルフェイオスとクラデオスに挟まれた平地は、テントや屋台でふさがりはじめた。大変な人である。

しかもそれは男ばかりだ。一般の見物人のとは比較にならぬほど立派に飾ったテントも見える。そのなかに憩う男たちのいで立ちも、どうも大衆とはちがって見える。かれらはどの大きな祭りにもつきものの祭礼使節《テオーロイ》で、ポリスの代表として招かれて来た人たちである。オリンピックに集まったのは観るためだけではなく、それは同時に観られる機会であり、各ポリスの国力が使節のいで立ちから判定されるおそれが十分にあったのである。

異教の祭典、供犠について

ピンダロスは「五日の競技」といっている。しかし、祭典全体が五日で、そのなかには競技のなかった日を想定する学者が多い。五日制になったのは前四七二年の祭りいらいのことと伝えられている。それは競技種目の増大と、ペルシア戦役の終了による平和と歓びのうちに参加者が急増したためで、とくに戦車競走と五種競技が時間を要したため、日没までに終了しないというようなことになったからだった。最初は一日ですむほどの簡単なものだったろうが、それ以後前四七二年までが幾日だったかはわからない。

ゼウスの祭壇での大供犠が五日のうちのいつおこなわれたかについては、第一日の劈頭とする者、中心の第三日目の朝とする者など、専門家の意見が分かれ、多数の競技種目がどういう順でおこなわれたかは古くから甲論乙駁して留まるところがない。けっきょく、まだきめ手になる史料がないのである。また、五日制になってから永久不変であったかもわかっていない。私は競技日程を論ずる資格はないし、大して重要問題とも思わないので、その点は問題外とし、一般のオリンピックの本では素通りされやすい、しかし私には重要でかつ興味深い供犠のことにまずページをさきたい。

祭典は行列と供犠から成っていた。

行列は神域の西北隅のプリュタネイオンから出発した。参加者は、先頭に競技運営委員たちと緋衣の審判員ヘラノディカイたち、ゼウス神の卜占者らと神官たち、犠牲の牡牛を牽く人たち、それから各ポリスから来た祭礼使節たちの順である。かれらはきらびやかな衣を着け、手には金銀の聖什をもっている。そのつぎに戦車や競馬の馬主たち、それから御者、騎手、つぎに一般の競技者とかれらの先生（コーチ）たち、それに附添人たちである。選手に競技を教えた者が選手と一緒に行動し、責任と光栄を頒っているところに古代オリンピックの特色がある。

今日のオリンピックの日程のなかで、おそらくもっとも印象的なのは開会劈頭の選手入場式であろう。これにあたるものが古代にあったかどうかは伝えられていない。今日のように各国選手が国旗を持ち、制服でつぎつぎに現われるということもなかったはずである。しかし、この祭礼の行列はややそれに近いものであったろう。そこには角を金箔で飾られ、リボンまでつけた犠牲の牡牛が幾頭も牽かれて、この祭典がありふれた祭りとはちがうことを示していた。

行列は南に向い、ゼウス神殿の西側を通ってそれから東に折れ、神殿南側にそって進んだ。さらに北に折れ、神殿の正面前を通って、そのさきにあった大祭壇に到着した。われわれがすでに詳しく見た灰を固めた大祭壇である。

戦争の犠牲者だとか野球の犠打だとか、制限漢字の今日の日本まで、犠というややこしい文字は生きている。しかし、牧畜が古来極度にふるわず、法事といえば精進料理という日本人にとって、「いけにえ」なるものの精神と実態はあまりピンとこない。かりにわれわれが古代オリンピアの祭典に招待されたとしたら、全裸で競技する風習その他、今日のそれに比しての差異もおもしろいにちがいないが、この祭壇での行事もそれに劣らず眼をみはらせ、いや神経の細い者にはむしろ面を背けさせるものであるにちがいない。

残念だが、オリンピアでの供犠の有様を詳しく伝えたものはないようである。供犠についてもホメロスが、素朴な好奇心をもって丹念に描いているところがもっともよい史料である。時代も場所も犠牲のささげられる神による差異も、たいしてちがわなかったと思われるので、これによってオリンピアでの行事も想像できる。

オディッセイの第三巻のなかに、いままでたびたびふれたピュロスの王ネストルがアテナ女神のために一頭の牡牛を捧げる描写がある。

まず女神が「見て欣《よろこ》ぶ」ように工人が牛の角に金箔をかぶせる。儀式の第一段としてネストルは用意された水に手を洗い清め、悪魔祓いに大麦の粒をふりまいた。そして牡牛の頭の毛を切って祭壇の火に投じつつ、アテナ女神にたいして祈禱をおこなう。この祈禱が儀式の主体であって、供犠は本来は祈禱内容の成就のための手段であったから、祈禱をともなわない供犠はありえなかった。

つぎにネストルの息子の、気の強いトラシュメーデースが牡牛の首に斧で一撃をあたえて殺してしまう。ネストルの妻をはじめ参列の女どもは悲鳴をあげるが、男たちはぐずぐずしてはいられない。用意された血受け壺に血を集めながら首を切りはなし、「骨から生命の抜け出した」獣の胴体の処理をはじめる。まずいちばんよい肉のとれる腿を切り、その肉を刻んで脂肪で二重に包み、その上に別の肉をのせると、ネストルがそれらの肉片を祭壇の火で焼き、焼けている上にぶどう酒を注ぎかける。ホメロスにはないが、このとき笛の奏楽をともなうことがあった。いちばんよい腿の部分は神様が召し上るというわけであるが、後世には左の腿は神に、右の腿は毛皮とともに神官が自分のものとすることがおこなわれ、これは名誉職の神官の特権であった。

つぎには内臓を祭壇で焼き、参列者はそれを神々と一緒に食べる。生命の宿るところと考えられていた内臓を、祭壇で肉や臓物がもうもうと煙を立てつつ焼けている間に、神の前で神とともに食う、神人一体の食事に法悦を味わうというわけであろう。

これで式は終り、あとは食う楽しみである。残りの肉を串焼きにし、一同儀式の下り物を食らいつつ黄金の杯で酒を酌んだと謳われている。

集めた血はどうするのか。これはホメロスには謳われていないが、ローマ時代の学者の説明では、祭壇にひっかけたり塗ったりしたという。

なお、牛をささげるなどというのは、西欧とちがってよい牧場が少なく、大型家畜の貴重なギリシアではめったにないことで、普通犠牲獣《ヒエレイオン》というのは羊であった。羊なら普通の農民は幾頭か必ずもっていて、衣服の自給自足をしていたわけである。私人のばかりでなく、公の供犠にも多く羊が使われ、その場合、完全に成長して片輪などでない、つまり殺すのが惜しいような羊でないと神々は満足されないと考えられていた。また祭壇にささげたものを鳶がさらうとか、参列者のなかで悪意のある人間がそれに手をかけるなどのことは、もっとも忌むべきこととされた。

もともと牧畜民であったギリシア人の宗教、現世的幸福を神に祈る人たちの儀式のすさまじさは、これでだいたいわかると思う。かれらもその土地に入って永く定住するうちに、魚やイカなどを賞味することを覚え、日常の食物ではわれわれ日本人にかなり近づいていた。しかしお祭りとなると伝統的な供犠を固守し、家畜を屠らねば気がすまなかった。そして、式の後の肉の分配があるので、一般人にとっては、これが肉にありつける大事な機会であり、お祭りは楽しかったのである。

さてオリンピアでは、その数多い祭壇で毎月一回、公式の供犠がおこなわれたことをパウサニアスは誌しているが、大祭壇のそれのことは書いていない。これはエリス人がかれらの費用で執行したので、ゼウスの神官が、いま見たホメロスの話でいえばネストルの役をしたであろう。

パウサニアスの記録のなかにおもしろい話がある。

オリンピアでは不思議なことに、あの何でも浚《さら》って行くはずの鳶が、なぜか供犠の邪魔をすることがない。しかし万一そんなことがあると、これは供犠者への凶兆とされる。またヘラクレスが犠牲を供えているときにひどく蝿に悩まされた。そこで自分で考えだしたのか人に教わってか、「蝿逐いのゼウス」に犠を供えたところ、蝿どもは群をなしてアルフェイオス川の彼方に逃げてしまったという。だからいまでもエリス人は、オリンピアから蝿を逐いだすために「蝿逐いのゼウス」に供犠するといわれる。以上がパウサニアスの話である。

　祭典の際の供犠は、大祭壇のそれだけではない。選手たちは必勝を期して大祭壇以外の神々の祭壇にも犠をささげ、勝ったら勝ったで感謝の犠牲である。空には焼き肉の煙が立ち上り、地には臓物と流血である。しかも真夏のことである。蝿にとってはまさに天国ではないか。しかも、それを逐い払う手段がまたしても「いけにえ」というのだから、実に徹底している。

　オリンピック精神は、何千何万の家畜の屍と、蝿がわんわんするなかで育《はぐく》まれたものなのであった。

　選手たちの宣誓にも供犠が必要だった。誓いをするということは、古代ギリシア人の生活のなかでたいへん重い意味をもち、また今日よりもしばしばおこなわれた。公生活においても、ポリス間の条約の締結の場合とか民会の決定などを永遠に有効ならしめるためとかに、両ポリスの当事者や、市民全体による宣誓がおこなわれ、当時の公文書には末尾に宣誓の件がよく出てくる。「誓いを守るものには多くの幸あれ、誓いに背く者の家畜は仔を生まず……」といった文句が書かれている。誓いは一定の神にかけて誓うのであるが、宗教的な畏怖に裏づけられた誓いが、古代人の心にたいしてもっていた働きは察するに難くない。

競技にさきだつ宣誓は、われわれがすでに訪ねたブーレウテーリオン（評議場）の中庭の、誓いの神ゼウスの像の前でおこなわれた。両手に雷電をもつこの神を前にして宣誓したのは選手ばかりでなく、かれらの父と兄弟、選手のコーチたちであった。選手は競技に際してけっして不正な真似はしないと誓うほかに、過去十カ月間まじめに練習を積んだ、ということをも誓わなければならなかった。また少年組の資格を審査する者は、収賄をせずに正しく判定をおこない、また失格者の失格理由などの秘密を洩らさぬことも誓った。

この宣誓もまた供犠をともなった。この固めの「いけにえ」には豚を殺した。以上のことを伝えるパウサニアスは、その豚の後始末のことを訊ねるのを忘れたと断わり、古くは宣誓に使った獣は食べないのがならわしだったとして、イリアッドのなかのアガメムノンの宣誓の場を故事として引いている。

そこではアガメムノンがアキレウスから横取りした捕虜の娘ブリセイスに手を出さなかったと誓うのであるが、このギリシア軍の総大将自身が、腰の小刀でまず豚の毛をお初穂に切りとり、つぎに両手を挙げてゼウスに祈ったのち、人びとが静まり返って見守るなかで、大空に向って、ゼウス、大地、太陽と復讐の女神エリニュエスたちを証人に立てて、ブリセイスとは関係のなかったことを誓う。そのうえで、豚の喉を王自ら小刀で切り、タルテュビオスという王のお附きの者が豚を灰色の海のなかに魚の餌食として投げこんだ。

日本人にとっては豚といえば愚鈍と醜悪の代名詞のようだが、ギリシア人は誓いのほか潔めのためにも豚を供えた。オリンピアへの途上、選手たちがピエラの湧水のところでそれをしているし、アテネの民会でも開会のまえに、神に供えた仔豚を会場のまわりをめぐって引き廻すならわしだった。

競技に関すること

古代オリンピック競技のうち、その種目名についてはすでに述べた。大会のプログラムはよくわからないから、以下にはその点は無視して、仕合いの内容、つまり競技の技術的な面についてざっとふれたいと思う。ただし私は体育史には門外漢であり、またスポーツマンとして自分の経験から発言することもできないので、もっぱら今日の同名の競技とちがう点、そしてギリシアらしい点に注目してゆくこととしよう。細かい点になると、専門家でも見解の分かれるところがいろいろあるようである。

最初に見物人の立場になってみよう。あとでまた触れるが、観衆はまずほとんど男ばかりだったと考えてよい。ところで、オリンピアの競技には入場券はなかった。第一、座席なるものがなかった。単なる土手である。だから、よい席、たとえば戦車競走なら車がせり合っていちばんむずかしい旋回点のところを見たいのが人情で、人びとは夜明け前からその近くの場所をとり合ったと想像される。

何から見てもよいが、まず競走からはじめよう。競技の実際については、古典期の文献のなかのわずかな言及や、ローマ時代のまとまった文献などもあるが、実際には前六世紀後半から五世紀にかけてアテネでつくられた杯や皿や壺の絵がきわめて重要な資料をなしている。それは、当時体育への関心がいかに大きかったかを物語るものである。全裸であることはいうまでもないが、ランニングその他すべて裸足でおこなわれたことも忘れてはならない。

ランニング

競走のうち、単にスタディオンとよばれた短距離は、スタディオンの一方から一方に走るわけで、オリンピアでは百九十二メートル二十七センチであった。スタディオンの長さはデルフィでは百七十七メートルというふうに、一定していなかった。

スタートの合図には「アピテ」（「行け」の意）と呼んだものらしいが、今日でのフライイングのように合図に先んじて飛び出した者は、審判員の手下の「棒持ち」によって打たれる定めであった。

今日の二百メートルのレースに比してオリンピアでの優勝者がどれくらいの実力をもっていたかは知りたいところだが、これは全然わかるはずがない。時を計るのに日時計により影が長いの短いのといっていた時代であり、やや精密には、器から水の出る分量で時の経過を計っていたのだから、秒などというのは問題にならなかった。

一般に、今日のような記録というものへの関心は薄く、一等が誰ということだけが問題

長距離競走。前470年ころの壺絵

だった。この点、競走は別として、幅跳びや槍投げについても優勝者名だけで、その距離の記録が保存された跡がなく、そのため、とんでもない数字が伝わったこともあるようである。

中距離は、まえにのべた「二本笛」で、スタディオンの往復、長距離は、スタディオンを十二往復するのであったらしい。これは四千六百十四メートルとなり、これ以上の長距離競走はなかった。マラソン競走が近代にはじまったものであることはいうまでもないが、これについては後に一言する。

古代人にリレーの面白味が全然知られなかったとはいえない。アテネのパンアテナイア祭では松明《たいまつ》競走というのがあり、これには個人競技のほかに、市民の区分である部族が一組をなし、部族対抗のリレーがあった。しかしリレーという方法は、オリンピックにはまったくとり入れられなかった。

走幅跳び

幅跳び、円盤投げ、槍投げの三種目は、今日とちがって独立ではなく、ランニングとレスリングとともに五種競技をなしていた。

五種競技は第一八回（前七〇八年）にはじまり、スパルタのランピスが優勝したと伝えられるが、この五種競技というアイディアはギリシア人の独創であり、またいかにもギリシア的である。走る力（これは短距離だったと思われる）、跳ぶ力、投げる力、それに力技というあらゆる体力の調和のとれた完成が要求されるからである。それゆえにアリストテレスのような思想家が、一つの技の名人よりも五種競技の選手を、「若い男性の美しさ」の代表者として尊重しているのはよくわかる。

短距離競走。前525年ころの壺絵

幅跳びと円盤投げの図をみると、ときに笛の伴奏者がいるのに気がつく。オリンピックの仕合いの場で伴奏がついたかどうかはわからない。単に練習のときだけかもしれないが、笛はギリシア的である。それは幅跳びや円盤投げの予備的な運動がリズミカルなものであったためであろう。

跳躍種目は幅跳びだけで、ギリシア人には高跳びや棒高跳びはなかった。走幅跳びと思われるものについては、今日に換算して十六メートルも跳んだことになる名人のことが伝えられており、それをそのまま信ずると大変なことになる。近代オリンピックの記録が八メートルくらいのところだから、これは走幅跳びではなくて三段跳びではないか、という有力な説が出されているが、反対説も強く、まだ万人を説得する説明はないようである。伝承の数字をまったく誤りとする学者もある。問題はあるわけだが、以下には一応走幅跳びと呼んでおく。

ギリシア人の走幅跳びの特色は、今日のように素手ではなくて「跳躍おもり」とでも訳すべきハルテールというものを両手に握って跳んだことである。これは陶器の図を見ても明らかだし、現にハルテールの現物がいろいろ出土している。それは石製や鉛などの金属製で、握りやすいように凹みがついているが、大きさや重みはまちまちである。軽いのは

上：走幅跳び。前6世紀前半の壺絵
下：笛の伴奏者のいる幅跳び。前6世紀末の壺絵

一・五キロくらいからあり、重いのは四・五キロにおよぶ。

競技者は助走のあと、踏切りにかかる前に二、三歩ゆっくり大股に踏むが、そのときに両手のハルテールを前後に振り、踏切りではハルテールをもったまま両手を揃えてまっすぐに前に伸ばし、着陸するときには両手を後ろに振りもどしている。これは陶器の図で明らかである。着陸には足をみごとに揃えて美しい姿態でなければだめで、転んだりしては失格となった。

円盤投げ

円盤投げのもとになるものは、アキレウスの競技会にもあった。もとは石製だったが、五世紀には金属製のものが使われた。これもたくさん出土品がある。大きさも重みもまちまちであるが、原理的には今日のものとちがうところはない。距離の記録は一、二伝わっているが、今日の二キロというオリンピックの円盤よりも倍以上も重いものが出土しており、記録の比較は無意味のようである。

ミュロン作「円盤投げ」の復原

円盤投げは、前五世紀前半のアテネの彫刻家ミュロンの有名な作品（現在

馬上からの槍投げ。前560年ごろの杯絵

のはすべて古代のコピー）によって、準備動作の美しさが伝えられている。陶器の図もいろいろ参考になる。それから推察される予備的な動作をいちいち誌すことはできないが、現代のそれとちがう大きな点は、ギリシア人の投げる力は腕の振り子ふうの振動によって生まれたので、現在のように左足を軸にして身体を廻転させて力を加えることはしなかったことである。

槍投げ

槍投げは、ギリシアのスポーツと軍事との密接な関係をもっともよく物語るものである。槍が木製であったため、出土品によって研究することはできないが、文献の記事や陶器図によって、今日とちがう特色がわかっている。

それは、槍の重心、またはそれに近いところに巻きつけた革紐のさきを、十センチほどの長さの輪にしたアンキュレーというものがついていたことである。競技者は直接に槍を握ったのでなく、この輪に人さし指、または人さし指と中指とを入れて槍を投げた。これは競技だけにおこなわれたことではなくて、実際に馬上の戦士がこのようにして槍を投げているのをはっきり描いた図があり、また重装歩兵がこの方法で槍の下手投げをしている図、またこのような槍で狩猟をしている図も出ている。

幅跳びのおもりといい、槍の紐輪といい、実際にどれだけ有効なのか疑問が湧くが、槍の方はフランスのナポレオン三世が実験させてみたところ、二十五メートルしか飛ばせなかった素人が、この紐輪をつけたら六十五メートルに達したという結果がでている。なお槍投げの動作については、古代も現代もだいたい変らなかった。

レスリング

レスリングは、ギリシア人の体育競技のなかでは、きわめて重要な位置を占めるものであった。それは、誰でも自分でそれをおこなって肉体を鍛えつつ楽しむものであったが、名人の競技は観衆の血を湧かせ、技の冴えは人びとを驚嘆させた。何十年ものあいだオリンピアでその王座を占めたクロトンのミロンのかちえた特別の名声が、これを物語っている。

しかし「稀代の横綱」といった名人のことよりも、私が特記したいのは、あのアテネの名門出のプラトンがイストモスの競技会にレスリングで優勝し、悲劇作家のエウリピデスもまたある競技会にこの種目で勝ったと伝えられることである。

そもそもプラトンの本名はアリストクレスといったのであるが、体育の教師がプラトンの肩幅が「広い」(platys) のでこの名をつけたといわれる。プラトンはけっして青白きインテリではなかったのである。そして晩年の大作「法律篇」の理想国家のなかで、かれはレスリングを奨励すべきスポーツだとしている。

レスリングの背負い投げ。前500年ころの杯絵

今日のレスリングが一方においてプロの見世物にまで化しているのとは、事情がまったくちがっている。そして今日のグレコ・ローマンという種類のレスリングは、名前がいかにも古代のそれを思わせるが、古代のレスリングのうち、競技でおこなわれた「立ち技のレスリング」は、これとはまったく別物であった。

　古代のレスリングは、ごく簡単にいうと、日本の今日の相撲に通ずるところがあったようだ。むろん相撲のようなマワシはなかったし、土俵に相当するものがあったかどうかもはっきりしない。とにかく相撲の押出しや寄切りの勝はなかった。相手の腕をとらえ、また胴を持ち上げたりして、相手をきれいに投げるのが古代レスリングの特色で、日本の相撲のなかでの投げわざ同様のことを楽しんだものであった。きれいな背負い投げがきまったところを描いた陶器絵がのこっている。三度投げられれば負けであった。

　投げるために片膝をつくくらいは許されたかもしれないが、とにかく立ってする競技だった点が相撲に共通であり、腕のとらえ方一つにしても、いろいろ伝統的な型があったらしい。精神の極度の緊張、頭脳的判断、それに体力、これらが一体となって投げは成功した。

ボクシングでも同様であるが、ギリシアでは体重による等級別はなかった。しかし末期の堕落の時代は別として、日本の相撲とりのようにやたらに肥満したものは、ギリシア人がもっとも醜悪なものとして軽蔑したところであったから、体重の差による不合理の意識は生まれなかったのである。

土俵も仕切りの時間もおそらくなかったろうが、日本の相撲が永い年代のあいだに生んだあのすっきりとしたルールと技術、それにやや近いといえるこの競技を、均斉のとれた肉体の持ち主が闘ったとすると、プラトンならずともこれを理想国のスポーツにふさわしい、としてもよいであろう。

優勝者決定

古代競技史の専門家たちを大いに悩ませ、今日も全然未解決なのは、どのような方法で五種競技の優勝者を決定したかである。

今日のオリンピックの十種競技のように、合計点でゆけば問題はないのだが、そうでなかったことは確実である。五種競技というすばらしいアイディアを生んだギリシア人が、何百年も競技をつづけ、その間には数学や哲学をあれだけ発達させているのに、どうして綜合点という考えに達しなかったか、むしろ不思議である。ランニング、走幅跳び、円盤投げ、槍投げでは、一、二等を点数に換算することはできそうなものだし、レスリングでは予選、準決勝、決勝という形で等級をきめられたはずだが。ここでも何か古いならわしが固まってしまって、不合理な点が気づかれなかったのであろうか。

不合理といったのは、優勝者の決定が、最後にのこった人たちのレスリングでの勝敗によったことだけは、ほぼ確実だからである。つまり五種目の間にいわば値打ちの格差があるのだ。これでは均斉と調和という点からみてまったく合点がゆかない。レスリング以外の四種目については、いずれか三種目に勝つことが条件だったらしいが、そこのところをどうして決めたのか、さまざまの憶測がおこなわれているが、定説は全然ないのが実状である。

ボクシング

ボクシングも、エーゲ文明時代からあった古くポピュラーなスポーツである。アキレウスの競技会の記事でも、顔に血をながしながら、ふらふらと起き上がる選手の描写は、今日のリング上の風景と変らない。ただリングがなく、それに今日のようなラウンドの区切りがないので、競技者は汗や血をぬぐう間も、一息入れる間もなく闘いつづけねばならなかった。ノック・アウトされた者が片手を上げれば負けを認めたとされ、それで勝負は終った。

グラヴも今日のとはちがい、古くは手を保護するために革紐を巻いたものだった。この時代には腕の方まで何か柔かいものを当て、その上を革紐で巻くことがおこなわれている。ローマ時代にはその革に金属をつけて攻撃力を強くし、ボクサーの顔は傷だらけの醜いものになったが、この時代にはそのようなことはまだなかった。今日とちがい、パンチはもっぱら相手の頭と顔に向けられていたが、フット・ワークの大事なことは知られていた。

正直なところ私は、ボクシングなるものがあまり好きになれない。鼻血が出るのだけで不愉快である。しかしテニスも野球もゴルフも知らなかった古代人にとっては、これは重要なスポーツであった。いけにえの血に慣れた人びとには、鼻血くらいはなんでもなかったろう。プラトンがボクシングを実戦の場合に役立つものとして、その理想国論で認めていることを、ここで附記しておこう。

ボクシング。前336年の壺絵

古代人の世界でのボクシングの人気は、まえに述べた幾人もの有名選手の評判からも明らかなことであろう。ただ重量による等級制がなかったため、ボクシングはやたらに巨大な男が有利になり、仕合いのおもしろさを減じていったと評されている。

パンクラティオン

最後にパンクラティオンという種目がある。「全力技」であり、大体今日のレスリングにボクシングを合わせた上に、もっと荒っぽさを加えたようなものであった。

パンクラティオン。前490—480年ころの杯絵

もちろん全裸で、手は素手である。殴る、蹴る、投げる、押え込む、股すくい、何でもおかまいなしで、腕を捻じ上げ、指を折り曲げることも許されていた。

さらに、首を締めることが認められていたことから、ある学者はしきりと日本の jiu-jitsu との類似を説いて、パンクラティオンにもルールはあったと弁護するが、この比較論はいかがなものであろうか。禁止条項は、噛みつくことと「掘ること」つまり眼その他に指を入れることだけだったというからすさまじい。

白日の下に全裸の男二人が組み合ってノタウチまわる風景というものは、われわれの眼には男性美の限界を越えたものを連想させるが、それは儒教、仏教、キリスト教と、さまざまの教えによって弱く育てられた私たちの神経のせいであろうか。

パンクラティオンにも名人の名がいろいろ伝わっているが、そのなかで有名なのは、アルカディアのフィガリアのアルラキオンである。パウサニアスは、この市に文字の全然読めなくなった古い石の像があることを述べ、このパンクラティストの最期をまるで見たように誌している。

アルラキオンは、すでに二度オリンピアで優勝していたが、第五四回（前五六四年）の決勝戦に、相手はかれを両足で挟みつけ、両腕で首を締めた。かれは得意の技で相手の足の指を捻じって関節からはずしたので、相手は痛みに耐えかね、ついに手を挙げて負けを認めた。そのときアルラキオンはすでにこと切れていたが、審判はかれに軍配をあげ、かくて屍にオリーヴの冠があたえられたという。

パンクラティオンが種目になったのは、オリンピックがはじまってから百年以上も後のことである。レスリングの規則がやかましくて反則ばかり出た結果、パンクラティオンが生まれたのだろう、という説があるが、ありそうなことである。

しかし、このパンクラティオンという種目が、中庸と節度を重んじたギリシア人の名誉になるかどうか、いささか考えさせられる。さすがにプラトンはこれを理想国のスポーツに認めていないが、その理由は「寝技《ねわざ》は軍事に役立たぬ」ということにあった。

戦車競走と競馬

戦車競走と第三三回（前六四八年）からはじまった競馬とは、今日跡かたもなくなった競馬場でおこなわれた。その走路の長さは異説もあるが二スタディオンだったらしく、戦車はそれを十二往復した。約九千二百メートルである。競馬は一往復だった。

馬を使う競技は、いままで見てきたスポーツが庶民的だったのとちがって、名門・富裕者の自慢の色彩が強い。馬を飼い戦車を持つのには相当の財産が必要だったし、生命の危険をともなうこの競技には、職業的な御者や騎手を傭ってやらせる必要があったからである。

ホメロスの描く社会では、英雄はみずから戦車を操っているが、このころは馬主と御者が分かれ、馬主であることによって勝利者の栄冠を戴くことができた。馬主は人前で全裸になって苦闘することもなく、半分は観る者の立場で光栄に輝きえたので、オリンピックの精神からいうと割り切れぬものが残る。

もちろん優勝した御者も非常な名誉であり、かれのためにも記念の像が建てられたりした。

四頭立ての馬で走路の両端の中央にある標識を二十三回廻らなければならないのだが、一度に十台が競走したとしても、さきを争ってそこを廻るとき車がぶつからなければ不思議のようなものである。これはピュティアの競技（前四六二年）のことだが、アフリカのキレネの王アルケシラスの御者は、四十人の御者のうちただひとりだけ「落ちないで」すんだとピンダロスによって謳われている。この「落ちる」は「死んだ」の意に解されているからたいへんなことである。

そんなわけで、競馬場の競技はたいへんスリルに富み、それにとにかく名士が馬と御者で争うというところに人気があった。(ただしギリシア人は今日の競馬のように、勝負に賭けをすることは史料上から判断するとほとんどまったくなかった、といわれている。)前四七六年のペルシア戦役後第一回(第七六回)のオリンピックがオリンピックのピークといわれるのは、シシリー島シラクサの僭主ヒエロンと同島アクラガスの僭主テロンが、それぞれ競馬と戦車競走に参加して優勝し、それをたたえたピンダロスの詩がのこっているからである。

前六世紀の後半のことであるが、アテネのキモンは三度つづけてオリンピアの戦車競走に優勝した。かれは僭主ペイシストラトスのために追放の身であったが、二度目の優勝のとき、あらかじめとり交わされていた僭主との約束で優勝の栄誉をかれに譲り、追放を解いてもらったとヘロドトスは伝えている。それから百年ほどして、おなじアテネの名門出のアルキビアデス、あの個人的野心のために国を売った美青年は民会において、自分が「オリンピアに七台の戦車を送り、一等と二等と四等をとったことでアテネの国威を大いに発揚した」と弁じている。これではもはや個人の純粋な競技とはいえないであろう。

重要な種目としていちばん新しく生まれた武装競走は、競技会の最後を飾るものだったとするのが通説である。これははじめは兜をかぶり、脛当てをし、楯をもって走ったが、前五世紀半ばから脛当てはなくなった。槍と胸甲がないから、最初から完全武装には遠いもので、距離は「二本笛」であった。

このほか、少年の競技は、この時代には成人のより短いスタディオン競走、およびレスリングとボクシングであった。少年の五種競技は第三八回（前六二八年）におこなわれ、スパルタのエウテリダスが優勝したが一回で廃止された。

競技の終了後、晴れの授賞式があったのだろうか。この点もはっきりしない。一種目ごとにその場で授賞したとする説と、全種目が終了してからまとめて授賞したと考える説とがあり、授賞式にしても、スタディオンでおこなわれたとか、ゼウスの神殿でおこなわれたとか、要するに判定の史料がないのである。時代と場合によるちがいも考えられるので、この点は深く立ち入らない。

最後の五日目の夕方、優勝者たちはプリュタネイオンに招かれ、人びとの祝福と称讃のうちに、祖国の期待にそむかなかったよろこびにひたって、飲みかつ啖《くら》った。祭典のいけにえの肉が若者たちの食欲をみたして余りあった。

粗末な料理であった。しかしこれほど楽しい饗宴はなかった。広からぬ食堂はアルキロコスの勝利の歌や即興の頌詩にどよめき、外では満月の下、アルフェイオスが白く照り映えるほとりで、祖国の、友人の勝利をことほぐ人びとの酒盛りが夜ふけまでつづいた。

祭典は終った。さしもの観衆も翌朝には、エケケイリア（休戦）の終らぬうちに故国に着くために、出発にとりかかった。

現代との比較

このあたりで、盛時のオリンピック競技と現代のそれとを、じっくり比較してみてはどうであろうか。もちろん技術や記録のことではない。その参加者や種目の問題である。いちばん根本の差異は、それが全人類のではなくて自由な身分のギリシアの男子のみのものだったことであろう。ギリシア人とそうでない者との区別については、オリンピックの盛時には稀に問題が起こったようである。

参加者

前五世紀はじめにマケドニア王のアレクサンドロスが参加しようとしてやって来たとき、競走の相手がかれをギリシア人に非ずとして仕合いを拒んだ。しかし審判員たちは、王が自分はヘラクレスの子孫でアルゴス人であると主張したのを容れ、王は第一組で競走した。ヘロドトスの伝えるこの話は、古きよき時代を象徴しているが、ヘレニズム時代以降になれば「ヘレネス」の条項がしだいに拡大解釈されていったことは容易に想像できる。それまでは厳密な血統のことは別としても、ギリシア語を語ってみずからヘレネスをもって自認し、どこかのギリシア都市国家の市民権をもっていた者に限ったわけで、マケドニアの王は例外である。

奴隷は、選手や使節や一般見物人のお伴として見物席に入ることはできたであろうが、競技参加は絶対に許されなかった。スパルタのヘロットのように、身分的に奴隷で実際には農奴のような生活をしていた人びとも同様である。オリンピックでの不正には、他市により買収されて国籍を偽ったというのがときにあるが、奴隷身分の者が市民だと偽って出場したことはありそうにない。奴隷には旅行の自由がないし、それに平素体育の練習をする機会がまったくありえなかったからである。寓話の名人アイソポス（イソップ）や哲人エピクテトスの前身は奴隷であったが、われわれは奴隷上りの競技の名手なるものを聞かない。

体育は、そもそも国防の任務に耐えうる強健な市民をつくるためのものであり、市民皆兵が古典古代の都市の根本の原理であった。実際は、商利を追って船を乗り廻したり、終日ふいごの前に奴隷と一緒に坐って働いたり、体育どころではない市民たちが相当にいたのであるが、市民というものの理想は、ある程度の土地と奴隷と家畜をもち、畑の見まわりはするが、午後はギムナシオン（体育場）でみずから競技したり、人の練習ぶりを見たり、来合わせた人と政治や学芸などの雑談をして過せるような生活にあった。

農業労働は蔑視されなかったが、手工業のための屋内の労働は、身体に有害であり、自由な市民にふさわしくない、という意見は公然と述べられ、書かれていた。スパルタ人が強健に育つ見込みのない嬰児をタイゲトス山中に棄てたということは、人間の生命というものの尊厳についての考えが今日とちがうことを示すとともに、健全な身体が市民の資格としていかに重視されたかを物語る。事実、スパルタにかぎらず、アテネでも中堅層以上の市民は自分の家に槍や楯やその他の武具一式をもっていたのであって、「大小を差して」外出するような習俗は早くなくなったが、かれらが戦士であるのは自明のことであった。

しかしギムナシオンに集まる人びとが、戦士の意識や一朝事あるときの備えという義務感情から来たと考えては誤りであろう。それより、一応市民としては教師について各種のスポーツの心得をしておかねば、との気持の方が強かったろう。しかし実はそれも稀なことで、実際には体育がとりもなおさず娯楽であったと思われる。時間の余裕は大いにありながら娯楽が極度に限られていた社会を考えねばならない。

この点で、かれらの人間中心というか、都市集中的というか、そういう顕著な生活態度が戸外スポーツにおいてもよく現われ、それが結局ギムナシオンを賑わしたことになる。かれらの自然感情が文芸・美術の上で万葉いらいの日本人のものはもちろん、ロマンティーク以後の西欧人のそれとも根本的にちがうことは美学の上の定説であるが、これをスポーツの方でみると、あれだけ岩山があり美しい風景に恵まれていながら、山は神々の住むところとして近づかず、登山とかハイキングというスポーツはまったく考えられなかったのである。

女人禁制

このようなわけで、体育競技はオリンピックのたびに、つまり四年ごとに問題になるものではなく、どこのポリスの年祭にもともない、ギリシア市民の日常生活に密着した、というより生活の一部をなしていた、といえるのであるが、ここで問題となるのは市民の家族員である女性である。

これについては幸いに、はっきりしたことがいえる。まず競技出場であるが、これは全然認められなかった。

オリンピアから出た無数の碑銘のなかに、四世紀初めのスパルタ王アゲシラオスの娘キュニスカのそれがある。彼女は「自分がスパルタ王家の娘であること、そして全ヘラスの女のなかでオリンピアの冠を得たのは私一人」と無邪気に誇っているが、実は戦車競走での優勝馬の持ち主であったにすぎない。その後も一、二そのような例があるが、女性の参加禁止の原則は最後まで変らなかった。

それでは、スタディオンに入って競技を観ることは許されたのであろうか。これは全面禁止の規定ではなかった。未婚の女性は入場できたが、既婚の婦人では、デミテル・カミュネーの女神官、あのヘロデス・アッティクスの妻がそれになった神職の女一人だけは許され、しかも審判員に向い合った指定席をあたえられていた。この一人を除いて既婚の女は絶対入場お断わりであった。パウサニアスはこの点について一つの珍談を伝えている。

アルフェイオス川の向うにテュパイオンという断崖をもつ山があり、競技のとき南方からオリンピアに近づく女は捕えられてここの崖から突き落される。どこから近づいても入場は不許可で、この禁を破ったのはカリパティラ、またの名はフェレニーケーという女だけである。この女は体育教師に変装して息子の競技を観に来たが、息子が優勝したとき彼女は嬉しさのあまり、附添いのコーチたちの溜りの柵をまたいで息子に近づこうとし、そこで自分のセックスを暴露してしまった。しかし審判員たちはこの大胆きわまる女性をとがめなかった。それは、彼女の息子が優勝したばかりでなく、彼女の父も、幾人かの兄弟も、みなオリンピアで優勝しているという稀有の名誉を尊敬してのことであった。ただしこの一件以後は、附添いの教師たちも裸体で出場しなければならないという規定に改められた。

カリパティラは、前四六四年にボクシングで優勝したロードスのディアゴラスの娘で、彼女の兄弟三人はボクシングやパンクラティオンで三たび栄冠をロードス島にもたらしている。ギリシア世界に鳴り渡ったスポーツ一家に生まれた娘の、息子の活躍ぶりを見たい一心を察すると、この伝承は根っからのつくりごとでもないだろう。

つぎは未婚の女性の場合である。これはなぜか見物を許されていた。既婚婦人は許されて、未婚の娘は不許可という方が、まだわれわれには納得がいくとも言えようが、そうでないところに解けぬ謎がある。

この場合、男の全裸体を娘が眺めることの教育上の可否などをすぐ考えるのは、儒仏やキリスト教的先入観を受けているわれわれの見方である。往来のわきに男性の象徴をつけたヘルメス神の像がいくらも立っていたギリシアのことであり、巨大なるphallosを奴隷が捧げて進むあとに、娘が父親とともに神妙について行く村のディオニュソスの祭りの行列（アリストファネスの喜劇の一場面）を想えば、問題は別のところにあるだろう。

一般的にいって、古代ギリシアの婦人の社会的地位、家に閉じこもりがちな日常生活、知的にも体育的にも教育を受けえなかったこと、これらのことを考えると、かりに婦人に開放されていてもはるばるオリンピアまで婦人が見物に来ることは少なかったろうと思われる。せいぜいエリスの女だけで、それも少数だったと想像する方があたっていよう。この点はアテネで観劇が婦人に禁ぜられていたか否かという議論に似ている。禁ぜられていたという確証はないが、芝居が女子供の娯楽というより成年男子のそれであったことは疑いがなく、オリンピアではそれがはるかに徹底していたわけである。何故に既婚婦人だけを禁じたかの疑問についての説得的な解答は、私の知るかぎりまだ提出されていない。

古代ギリシアの婦人の地位は史料的にわかる前五、四世紀のアテネのそれについては――多少の議論はあるが――はなはだ低いものだったとする通説を認めざるをえない。しかしスパルタの婦人は、それにくらべればやや自由な面があった。ここで詳細に立ち入ることはできないが、当面の問題である女子の教育でも、スパルタでは女子の、しかも裸体での体育訓練がおこなわれたと伝えられる。プラトンの理想国論において――これは娘ではないが――女性の裸体での体育が考えられていることを考えれば、アテネの、もっぱら世間知らずに育てられた娘だけから議論するのは不十分である。

スパルタの体育尊重の国是からみれば、立派な母親をつくるための女子の体育は十分に考えられるし、全裸の風をオリンピアに持ちこんだスパルタ人の許で、女子の裸体の体育がなかったともいいきれない。そしてスパルタ以外にも、女子の競走やレスリングの競技のおこなわれたポリスが一、二伝わっている。

ところでオリンピアについては、ヘラ女神のための処女の競走が四年に一度おこなわれた。それを執行するのはエリスの十六人の既婚婦人たちで、優勝者にはオリーヴの冠とヘラに供えた牝牛の肉があたえられ、彼女らは記念像をたてることも許されていた。参加者がエリス人の処女にかぎられていたか否かは伝えられていないが、主としてエリスの娘だったであろう。競走は一スタディオンよりその六分の一短かった。伝説では古い起源のようになっているが、オリンピックの形が定まったのちそれを模した色彩が濃い。

しかしこれはオリンピアでおこなわれたが、オリンピックとはまったく別のものであった。この競技に出場する娘たちが参考のためにオリンピックを見学したことはありえようが、全観衆のなかでは寥々たるものだったと思われる。

要するに古代オリンピックは、ギリシア市民による、市民たちのための競技であった。その狭さと封鎖性は、当時の人びとには意識されぬほどに当りまえのことであった。五世紀の後半から出てくるソフィストの間に、人類の一体性の考えが生まれているにしても、プラトンやアリストテレスのような最高の知識人の間でさえ人間はヘレネスとバルバロイに二分され、女性は男性より劣等なる者とされていた。古代オリンピックはそのような人間観を、スポーツにおいて正直に表明していたのである。

以上が参加者についての古代と現代のオリンピックの差であるが、参加選手について見落としてならぬ問題がある。古代のオリンピックでも、その盛時にあってはかれらが故郷のポリスを代表していたので、この点は今日と共通であり、またそれがアマチュアの競技であったことにも間違いはない。ただアマチュアの競技という点についてはデリケートな問題が伏在しており、これが古代オリンピックの堕落に重要な関係があったと思われる。

アマとプロの問題など

アマとプロについては現代でも問題があるようであるが、古代では今日のような厳格な問題意識はなかったらしい。第一に、アマチュアとプロフェッショナルに相当する特定のことばがこの時代にはない。ないはずで、現代のような職業という意識も確立していない世界であった。商人や手工業者はいたが、それはもっともスポーツには縁の遠い人びとだった。今日の月給取りに相当するものはない社会である。土地・奴隷・家畜の所有者は、しいて書かせれば職業は「農」ということになるかもしれないが、かれら自身がいつも農耕にあくせくしていたとはいえない。もしそうであったら、スポーツは発達しえなかったろう。家に武器をもっているが、職業は「軍人」というのも何かあたっていない。また「学生」という身分のなかったことはいうまでもなかろう。

職業が今日のオリンピック選手の場合とちがうことは以上のとおりであるが、問題は実はそこにあったのではない。

現代のオリンピック憲章では、アマチュアを「現在においても過去においても趣味・嗜好からスポーツに専念し、それによってなんらの物質的利益を得ないもの」と定義しているが、このようなはっきりした意識を、オリンピアの運営委員やヘラノディカイはもっていたであろうか。

十九世紀のイギリスでアマとプロの差別意識が生まれたのには、「強すぎるものを排除する」精神が働いていたというが、このような精神は古代にはなかった。そして、オリンピックや他の三大競技でこそ賞品は植物の冠にすぎなかったが、オリンピックの選手たちが他の無数の競技会に出場して「物質的利益」をともなう賞をさらってゆくことにたいしては、エリスの委員会はなんら干渉できなかった。テアゲネースが「千四百の賞を得た」と噂された一事からも、これは明らかである。

エリスの委員たちは、オリンピック選手の資格につき、国籍や身分やそれから過去に殺人や瀆神の罪を犯していないというような点については厳格であったが、他の仕合いで何をもらったかについてまで宣誓を要求したとは伝えられていない。逆に六世紀はじめのアテネのソロンが、オリンピックの優勝者に国家から五百ドラクメーという、当時としては驚くべき大金を出すことにしたと伝えられているが、政治の上では中道を固守したこの賢人の仕事としては首をかしげざるをえない。

後世のギリシアのスポーツの堕落は、オリンピックのオリーヴの冠だけでは防止できなかったが、それについてはエリスの委員たちの不用意が責めらるべきであろう。無数におこなわれる他のポリスでの祭典競技に向って、せめて、金目《かねめ》の賞を出すな、四大競技に倣え、ということはできなかったろうが、そのような競技へ参加した者はオリンピック参加を禁ずる、という努力はしてもよかったのではないかと思うのだが。

以上にくらべれば、以下のさまざまの差異はむしろ二次的である。

古代ではすべて個人競技であったことはすでに述べた。ところがおなじ個人競技でも、そこにまた現代とちがうところがある。それは一種目の選手たちが、一人の勝利者と多数のみじめな敗者とに区別された点である。稀に、決勝戦の相手とか競走の二着とかの名が伝わっているけれども、要するに今日のオリンピックでいえば金メダルはあるが、銀や銅の賞はない。今日の相撲の敢闘賞とか技能賞といったものも、もちろんない。

敗者にたいする同情、全力をつくして敗れたものへの称讃がなかったわけではあるまいが、一人の勝者に讃美が集中して、二等以下は敗北者として人目をさけて退場せねばならなかった。記録を尊重していれば、二等でも前回の勝者の記録を破ったという栄誉が生まれるわけであるが、記録の意識が薄かったことはすでに述べたとおりであった。オリンピックはそれに参加して全力をつくすことに意義がある、という考え方は古代にはなかったようである。

記録がないから、記録保持者というような名誉はなく、オリンピア以下の四大競技で何回優勝したという度数がもっぱら評判になった。

水泳その他の水に関する種目のなかったことも、現代との顕著な差異である。ギリシアの都市は本土のも植民市も、大部分が海に面している。だから子供たちは幼少から水泳を自然に覚えていた。ヘロドトスは、サラミスの海戦の際にギリシア側の損害が少なかったのは、船が沈んだ場合にも、乗り手が水練のお蔭でサラミス島に泳ぎついたためだったと誌している。そのようなわけで、水上競技は絶無ではなかったが、泳ぐというのは歩くのと同じくらいに当りまえだったから競技にならなかったと考える学者もある。またオリンピアにかぎらず、夏のギリシアでは泉も涸れるほど乾燥するので、よいプールをつくることが困難なため水泳競技は発達しなかったという説も出されている。実際オリンピアでは、プールどころか観衆の飲み水すら、末期にヘロデス・アッティクスが水道を引くまでは十分ではなかった。

マラトンの故事

種目の上での現代との大きなちがいの一つに、マラソン競走がなかったことが挙げられる。マラソンはいうまでもなく、前四九〇年にアテネの重装歩兵市民軍がミルティアデスの指揮のもとに、ペルシアの大軍を撃退した場所であるマラトンの英語読みである。

このレースは一八九六年の第一回オリンピックのとき、フランスのミシェル・ブレアルの主張により、「前四九〇年の故事」に因んで採用された長距離競走であり、古代オリンピックの長距離レースがほぼ今日の五千メートル競走にあたるとすると、マラソンはその八倍の距離であるから、古代人の眼からみると超長距離ということになる。

この「マラトンの故事」なるものは、外国の百科大事典その他の通俗書には、そのままに受け入れられて、それが日本でも受け売りされているが、古代人の長距離の走力の問題とからんでおもしろいので、オリンピアとは直接関係はないがここに立ち入って述べよう。

ブレアルは歴史家ではないが、言語学、神話学など博い研究分野をもち、コレージュ・ド・フランスの教授、学士院の会員になっている人で、十分の確信があって新しい種目を提唱したものであろうが、その趣意書といったものを私はまだ見ていない。ただこの故事についての史料と思われるものは一応わかるから、それで考えてみよう。

一般に事典などに書かれているところでは、マラトンの合戦の直後にギリシア軍の一人のフェイディッピデースという者が、戦場からアテネまで力走して「喜べ、勝った」と言ったまま絶命したことになっている。

ところがヘロドトスの史書には、マラトンの合戦のことがくわしく述べられているにもかかわらず、フェイディッピデースの力走のことは全然みえない。かれによると、アテネの全軍は、マラトンで敗れたペルシア軍が海路からアテネを襲うと予想し、全速力でアテネ市の防衛のためにとって返し、バルバロイの海軍の現われる以前に市に着いたことになっている。

フェイディッピデースという走力に優れた飛脚がアテネにいたことは事実である。おなじへロドトスによると、かれはマラトンの合戦の直前にアテネがスパルタに援軍を求めたとき、急使としてアテネ・スパルタ間を走り、出発の翌日にスパルタに着いたと述べている。アテネとスパルタの間は直線距離にしても百六十キロ以上なので、これは人間技とは思われない。

さて、今日流布されているフェイディッピデースのマラトンからの力走の話は、紀元二世紀の文人ルキアノスの一篇にみえているが、この厳正な歴史家ではない作者が、故意にか軽率にかヘロドトスの話の飛脚を、マラトン合戦の直後にいま一度力走させたとみて間違いあるまい。もしマラトンから走って劇的な死をとげたのだったら、あのヘロドトスが知らぬはずも、述べぬはずもないからである。

しかしこれとは別に、紀元一世紀のプルタークの一つの随筆のなかにつぎの記事がある。「ポントスのヘラクレイデースの伝えるところでは、テルシッポスが、しかし多くの人の説ではエウクレースが、合戦のほとぼりのさめぬうちに、武装したままで走って、かれは第一の人の家の戸口で仆《たお》れ、「喜べ、嬉しい」といっただけですぐに息を引き取った」

右の記事のヘラクレイデースは、前四世紀末の人でアリストテレスの弟子である。それゆえ、マラトンの故事の伝えは、戦いから一世紀半くらい後の本には書かれていたことが明らかである。それ以上は今日の史料では遡れないようである。

伝承の走者の名前がまちまちなのは少し気にかかる。ブレアル自身の推測する走者は、いままで古伝承に出た三人とはまた別の人なのである。そこで名前はどうでもよいとして、本当に急使が走ったのであろうか。批判的な学者は、突撃しただけでも大変な肉体的負担だった重装歩兵が、ヘロドトスのいうように、戦闘の直後に全軍が力走して帰るのはとても無理で、それはマラトン合戦当日のことではありえないとする。

またこんなことも考えられないだろうか。アテネ人のマラトンの勝利への感激は非常なものだったはずで、その第一報をもたらして仆れた人物が本当にいたならば、銘文つきの碑でもすぐ立ちそうだ。それがあればまちまちな名が伝わることはなさそうである。走ったというが所要時間は伝わっていず、独走だから途中の休息もありえたわけだ。

どうもせんさくをはじめると、有名な故事が少し怪しくなってくる。しかし古代人が、武装のままでも四十キロを走りうると考えたことは事実だし、絶対の反証はないから、だれかが超人的力走をしたとしておくのがよかろう。

V　施設の完備と精神の喪失

前四世紀

バルバロイの典型的専制大帝国ペルシアの攻撃が撃退された前四七九年から、アテネとスパルタの間にペロポネソス戦争が勃発した前四三一年までの約半世紀が、古代ギリシアのもっとももよき時代であったが、オリンピアにとっても、この間にその壮麗なゼウス神殿が建造されているように、それはもっとももよい時代であった。

二十七年にわたるペロポネソス戦争の間も、オリンピックは平常どおりおこなわれていた。しかしエケケイリアに関して述べたように、前四二〇年にスパルタが祭典から除名されたのは、この中立で平和なるべき聖域の前途に不安を投げかける事件であった。はたして前四世紀に入ると、たちまちにおもしろからぬ事件がつぎつぎに現われてきた。

われわれが神域の遺跡を廻ってすでに知っているように、スタディオンの完成その他、施設や建造物の点ではオリンピアはこれからのち終末にいたる八百年の間に、ますます美しく立派になっていった。しかし美しい外観は、根本の精神の喪失を覆いかくすことはできなかった。

紀元前四〇〇年、第九五回のオリンピックのときを境にしてみると、終末の紀元四世紀末までに、それまでの二倍にわたる八百年の歩みがある。驚くべき永い歴史である。多数の優勝者の名が伝えられ、この末期の碑銘は前代のものよりはるかに多い。それにもかかわらず、わたくしはこの時代に多くのページを割く必要を認めない。ただ、四世紀前半の諸事件は、オリンピアの尊厳の低下を物語るものとして注目され、またここの、古代ギリシアにおけるマスコミの中心としての性格を示している点でおもしろいが、それ以後の時代については駆け足で眺めることとしよう。

前四世紀はスパルタ王アギスのエリス侵入という事件をもってはじまる。これは、前四二〇年の除名事件いらいのスパルタのエリス人にたいする悪感情の爆発であった。この年は第九五回のオリンピックにあたっているが、これはとにかくおこなわれた。その翌年、エリス人は降服し、アルフェイオスの南の地方への支配権の放棄を承認してオリンピック主催権は確保した。この戦いのときにエリス人がオリンピアの神域からスパルタ軍を撃退し、その記念碑をたてたことをパウサニアスが伝えている。

前三九六年のオリンピックから「触れ役」と「ラッパ手」の競技が加わったが、これは祭典の繁栄を示すよりも体育競技への人びとの関心の薄れを補う企てと解されている。

　この年の競走では、審判員三人のうち二人が誤った判定を下したとの理由で走者の一人により委員会に訴えられ、その訴えが認められた結果、二人が罰金を科せられるという不祥事が起こった。しかしこのような場合にも、ヘラノディカイの判定そのものは覆されないというならわしであった。第九八回（前三八八年）に、テッサリアの拳闘者が八百長をおこなって罰金を科せられ、最初のザーネス像が立ったことはすでに述べた。

　優勝者の国籍すなわちポリスの名を売れという誘惑は早くからあったが、ポリス対抗仕合の意識からこれへの反撥は強かった。古くクロトンの走者アステュロスは前四八〇年代にオリンピアで三度優勝したが、シラクサの僭主ヒエロンを喜ばすために自らをシラクサ市民とアナウンスさせた。ところがクロトン市民は憤ってかれの立像を倒し、かれの家を牢獄にしたといわれる。

　百年後の前三八〇年の競技では、クレタ出のソータデースが前回につづき長距離に勝ったが、イオニアのエフェソス市によって買収されて自らをエフェソス市民と触れこんだ。しかしこの国籍詐称のため、かれはクレタ人により追放されたという。

　当時シシリー島のシラクサの僭主ディオニシオス一世は、南イタリアからアドリア海方面まで支配をのばし野心満々であった。これの送った祭典使節は、ミレトスのある少年がボクシングで優勝したとき、この僭主のためにこの少年をシラクサ人とアナウンスさせせよ

う と試みた。しかし、少年の父は僭主の贈賄をきっぱりはねつけたと伝えられる。

この話は、僭主ディオニシオスが華々しい祭礼使節団と戦車を送って「参加した」第九八回、前三八八年のオリンピックのときのことらしい。この回は、はじめての八百長が出て大会の歴史を汚したばかりでなく、だいぶ荒れた大会なので特記に値する。それにはオリンピアが、祭典の体育競技以外にもっていた重要な機能を一瞥する必要がある。

前五世紀のアテネでは、芝居の筋書きといった薄い本が売られていたことがわかっているが、なにしろ木版もない時代であるから、本という形で自分の思想をひろく宣伝したり、一躍して人気作家になったりすることは思いもよらなかった。したがって、人の集まる祭礼が自己宣伝のもっともよい場所であったが、祭礼中の祭礼たるオリンピアの祭典が絶好の機会であったことはいうまでもない。

評論家や詩人ばかりではない、画家や彫刻家にとってもオリンピアは審査なしの展覧会場であった。うまいことにギリシアの人物の像というものは、ローマ人のそれのような本当の肖像ではなく、みな理想化された顔や体をもっている。だから競技の種目に合った若者の像をここまで運んでおけば、優勝に心浮き浮きの選手や取り巻き連中が、気前よく既製品を買い上げてくれないともかぎらない。台座にかれの名と一緒に作者としての自分の名を刻みこんでおけば、有名にもなれるだろう。

こういうわけで作家志望だの、若手の芸術家などが千里を遠しとせずオリンピアに集まった。「歴史の父」ヘロドトスも、ここで多数の聴衆を前にかれの興味津々たる歴史を講釈したが、若きツキディデスがこれを聞いて涙をながして感激した、という後世の伝えは信用できない。

講演はゼウス神殿の後室から外の低いところの聴衆に向っておこなわれた。前四〇八年、当時すでに修辞・弁論の術の創始者としてソフィストのなかに錚々たる名声のあったシシリー島出身のゴルギアスが、ここで大演説をおこなった。その内容は直接には伝わっていないが、「われわれのポリスを戦闘の賞品とすることをやめ、バルバロイの土地を賞品とすべきだ」の句で知られるように、ギリシア都市の相剋を非難し、ポリスが一致協力してペルシア帝国に当たるべきことを説いたもので、オリンピアの祭典にはまことにふさわしいものであった。

オリンピアにはこのころから競技優勝者のものばかりでなく、有名文化人の像も立ちはじめた。弟子たちが立てたアリストテレスの像はその一例であるが、ゴルギアスのもあった。

このころアテネの在留外人のなかに、明快なスタイルの裁判演説作者として知られたリュシアスがいた。今日の弁護士のような職業である。シラクサ生まれのかれの父はアテネで大勢の奴隷をもって武器製造業を営み、市民ではないが社交界に幅をきかしていた。ところがペロポネソス戦役の終った後、スパルタの勢力をバックに樹立された「三十僭主」

の暴政のため家がすっかり没落し、リュシアスはその文才で生活することになった。このリュシアスが前三八八年にオリンピアに乗りこんで、得意の文体で時局批判の演説をおこなった。

西方で権勢の絶頂に立ち、スパルタとの同盟関係に入っていたシラクサの僭主ディオニシオスが、たまたまこのときに自分の弟を団長として人の眼を見張らせる豪華な一行を送り、自己宣伝を企てていた。美しいテントの数々、そのなかでは吟誦の名人たちが、僭主の功業をたたえる詩や僭主の自作の下手な詩を歌っているというお膳立てであったが、それはむしろ逆効果であった。

そこにおこなわれたのがリュシアスの演説である。この作は惜しいことに完全にはのこっていないが、前四〇八年のゴルギアスの演説と同様、ギリシアのポリス相互の争いの停止と、ポリスの相剋に漁夫の利をえている東方の専制帝国ペルシアへの戦い、またこれはギリシア人ではあるが、西方にのさばるディオニシオスの僭主政治の打倒を力説したものであった。演説は僭主の使節を神苑から逐い出せとまで言ってのけた。

効果は覿面《てきめん》であった。激昂した聴衆は美々しく飾った僭主のテントを襲って掠奪をはじめ、管理委員が大急ぎでこれを抑える騒ぎとなった。腹の虫のおさまらぬ観衆は僭主おかかえの吟誦者に罵声をあびせ、僭主の戦車が惨敗したのに溜飲をさげて喜んだ。

第一〇四回（前三六四年）は、オリンピア祭の歴史に一大汚点をのこしたものであった。

エリス人の立場からは、この回は「祭典おこなわれず」と見做されたが、実際はおこなわれて、優勝者はいつもどおりに記録されている。「おこなわれず」というのは、アルカディア人とピサ人が祭典を主催したからで、そのために祭典の最中に神苑が合戦の場となるというとんでもないことが生じた。

ことの起こりは、前三七一年いらいスパルタの凋落に乗じてエリス人がアルフェイオス川の南の地域に支配の手を伸ばしたとき、その地の人たちがエリスに反抗するためにピサ人と組んで東のアルカディア人の援助を求めたことにあった。ピサ人はこのころはすでにその都市を破壊されてすっかり百姓になっていたであろうが、恐るべき執念で、祖先のオリンピア祭典主催権を回復するチャンス到来と張りきった。

アルカディア人の方も、スパルタが前三七一年テーベに大敗したのちテーベの力でアルカディア連邦をつくり、意気大いに揚がっていた。すでに三六五年からアルカディア人はエリス人と戦ってオリンピアを占領していたが、つぎの年の大祭をピサ人をかついで自らおこなうことにし、そのためにはアルゴスや遠くアテネの武力援助まで求めていた。平和に慣れたエリス人の武力では、かれらの祭典執行を防止できなかった。

かくして祭典の第一日は無事にすんだが、二日目、戦車競走がすみ、観衆が大祭壇の前のレスリングの仕合いを眺めている折しも、エリス軍がクラデオス川の彼方に現われ、いままでにない戦闘力をもってアルカディア人とアルゴス人たちを押し返して神苑の中までなだれ込んだ。しかしアルカディア人はまるでそのころの市街戦のように、建物の屋根から石つぶてを雨と降らせてエリス軍を撃退した。神苑はエリス人の再来に備えて防柵で護られ、とにかく祭典は終了した。

エケケイリアは無残に踏みにじられたが、ピサ人は他人の武力で永年の夢を実現したかにみえた。しかしこの不祥事はさすがに世人の激しい非難にさらされた。ことにアルカディア人が例の宝物殿の宝物に手をつけて、傭兵への賃金を支払おうとするにいたって、世論は沸き立った。三六二年、エリス、アルカディアの和が成ったとき、祭典主催権はふたたびエリス人の手に戻った。

ヘレニズム時代

前四世紀のギリシア本土は、ポリスの対立抗争やポリス内部の富裕市民層と貧しい層との党争に明け暮れた。

アテネの評論家で修辞の師であったイソクラテスが三八〇年に公けにした「パネギュリコス」という有名な一篇は、「大祭演説」を意味するその標題が示すように、ゴルギアス、リュシアスの例にならってオリンピアの祭典での演説の形をとっているが、事実はアテネで公けにされたパンフレットだった。しかし第一〇〇回のオリンピア祭の時を狙って公表されており、パンフレットの幾部かがオリンピアに送られたことは想像できる。

このイソクラテスの代表作では、ポリスの分立と抗争を停止して真の敵であるペルシア帝国との戦いに協力せよ、という主張が熱心に説かれているが、ポリスの和解というかれの主張の裏には、アテネを中心とする統一の考えがやはり認められる。

パンヘレニズム（汎ギリシア主義）とペルシア東伐論は、ゴルギアスいらいオリンピア祭向きのお題目に化した観があるが、ポリスの人たちを動かす力はなかった。ギリシア本土の（スパルタを除く）統一は、晩年のイソクラテスが望みを託した北方マケドニアの王フィリップ二世により実現した。前三三八年、中部ギリシアのカイロネイアの戦いにフィリップは、アテネのデモステネスの率いる軍隊を破って、外から武力によりギリシアを統一したのである。

新たに成立した「ヘレネス連盟」（いわゆるコリント同盟）の中心は、南北交通の要衝コリントに置かれたが、オリンピアという超ポリス的な聖地、超ポリス的な祭典の場のあることをフィリップのような抜け目のない人が見のがすはずはない。反マケドニア派の動きはもちろん、ポリス相互の伝統的ないがみ合いでごたごたが起こるのを防ぐには、このオリンピアという民族の祭典の場に、わしの力で統一はできたのだと悟らせるものを造ろう——おそらくこんな考えから、われわれがすでに見たようにフィリッペイオンという華麗な円形記念堂が、神苑の目抜きの場所に造られたのであろう。

マケドニア王家とオリンピック競技との縁故は、これもすでに述べたように、前五世紀初頭にはじまっており、同世紀末には名君アルケラオスが戦車競走に勝ち、しかもマケドニアの首都アイガイで「オリンピア祭」を挙行している。ヘレニズム時代からローマ時代に地中海東部の諸所に競技をともなう「オリンピア祭」なるものがおこなわれているが、その第一号はマケドニアの首都のそれである。そしてフィリップ自身、前三五六年、すなわちカイロネイアの戦いより以前にオリンピアの競技に「参加」して、競馬と戦車競走で優勝している。

アレクサンダー大王とオリンピアとは直接には交渉がなかったようである。プルタークの英雄伝によると、かれは少年のころ、手に負えぬ暴れ馬を慣らして人びとを驚嘆させたというし、アジア遠征中には、鐙《あぶみ》のない馬で敵の大軍を相手に奮戦しているのだから、スポーツマンとしての素質がよほどよかったにちがいない。しかし、これまたプルタークの伝によると、かれは足が速かったので、友人たちが「オリンピアで競走に出てみませんか」とすすめたが、「相手がみんな王なら別だけれど」と答えたという。アレクサンダーは乗馬以外の民衆的なスポーツを自分ですることは好まなかった。しかしイッソスの戦い(前三三三年)のとき、ペルシア側の傭兵として戦ったギリシア人の捕虜のなかに、かつてオリンピックに優勝した者のあるのを知り、かれを即刻自由の身としたというから、オリンピックを尊重していたことは明らかである。

前三二四年、アレクサンダーはギリシア人にたいして二つの有名な王令を発布した。かれ自身を神と認めよというのがその一つ、他の一つは当時ギリシア都市内の党争の結果大きな社会問題となっていた亡命者たちを故国に復帰させることを命じたものであった。この亡命者復帰令は、それを公表するのにもっともふさわしい場所であるオリンピアの第一一四回の祭典でおこなわれたが、噂をきいて集まった二万人以上の亡命者がこれに歓呼したと伝えられる。この伝えは亡命者の数、またオリンピックの観客の内容と数を考える上に貴重である。

アレクサンダー大王の没後、天下は麻のごとくに乱れたが、前三世紀のはじめから北方のマケドニア王国、アジアのシリア王国、それにエジプトのプトレマイオスの王国というヘレニズム三君主国が成立し、またギリシア本土には、ペロポネソス北部を中心とするアカイア同盟と中部ギリシアのアイトリア人を中心とするアイトリア同盟とが対立し、その間に南方のスパルタが独自の活動をつづけた。このような複雑な政治・軍事の動きのなかでエリス人は、もともとアイトリア人と同系の人びとであった関係からアイトリア同盟に近く、反マケドニアの立場を基調としていた。

前三世紀末、マケドニアのフィリップ五世はエリスに侵入しているが、オリンピアでは犠牲を捧げており、その後スパルタのタイラントのマカニダスが前二〇八年の大祭の最中にオリンピアを襲おうとしたときにも、かれは軍を進めて不祥事を未然に防いだ。

前二世紀のアルカディア出身の有名な史家ポリビオスは、エリス人に努めて中立を保つべきことをその史書で忠言しているが、ヘレニズム時代後半のローマ勢力東漸時代に、エリスはこの方針をとって、拡大し激動するギリシア人世界のなかで、片隅の平和をまもって行った。

「ギリシア人の自由と独立」が、新時代の実力者たる君主たちの政治的なスローガンだっただけに、ヘレネスの統合の場としての伝統に生きるオリンピアは、かれらによって尊重されていた。そして、神苑には競技の優勝者の像の傍に、新しい王朝の支配者やその一族の人たちの像が建ち並んだ。

なお、直接にオリンピアに関することではないが、シシリー生まれの史家ティマイオス（前三五六ころ―二六〇年）や有名な博学者エラトステネス（前二七五ころ―一九四年）などにより、オリンピア祭による紀年の方法が打ち立てられ、統一のなかった古代の年代に一つの基準をあたえたのがこの時代のことであるのを忘れてはならない。

前二世紀以降のギリシアでは、ローマ勢力の東漸と実権確立、それに最後にはローマの内乱の決戦場になるという、ヘレネスにとってははなはだ面目のない、また有難くない場面がつづく。

ローマ人がはじめてオリンピアに現われたのは、前二〇八年、すなわちローマがハンニバルと戦っていた時代のことである。この年の祭典において、ローマの使節ルキウス・マンリウスはハンニバルのために南イタリアやシシリーのギリシア都市から逐われた親ローマ派の亡命者たちを、故国に復帰させることを命令した。この少しまえから、エリスはアイトリア人とともにローマに味方し、マケドニアのフィリップ五世に対抗していた。

前二世紀に入ると、たちまちローマとフィリップ五世との第二回マケドニア戦争となり、それがローマの勝利に終るとまもなく、東のシリア王国のアンティオコス三世がギリシアに触手をのばし、これもまたローマ軍に屈した。エリス人はアカイア同盟に対抗するために、この野心家のシリアの王を歓迎した。このとき、アンティオコス三世は、オリンピアのゼウス神殿に「アッシリアの機で織られ、フェニキアの緋で染められた羊毛の華麗な緞帳」を奉納し、のちにそれをパウサニアスが見ている。

前一六八年、第三回マケドニア戦争に勝ってマケドニア王国を滅ぼしたローマの名将アエミリウス・パウルスは、戦いが終ったのち、オリンピアを訪ねた。史家リウィウスの伝えるところによると、かのゼウスの巨像を前にしたこの厳格な将軍は、「あだかも神そのものの前に立つがごとき」感銘を受け、ローマ市のカピトル丘のジュピターにおこなうような大供犠を命じたという。

前一四六年、ローマはアカイア同盟を破り、その中心のコリントの市は将軍ムンミウス麾下のローマ人によって完全に掠奪・破壊された。そのためムンミウスはローマ人の粗野を代表する人物のようにいわれるが、パウサニアスは、かれの知るかぎりでは、ローマ人でオリンピアに奉納をしたのはムンミウスが最初だとしている。それはアカイア同盟からの戦利品でできた二十一の黄金の楯で、ゼウス神殿の欄間を飾った。かれは、ゼウスの銅像も建立したといわれるが、今日出土の台座によって、ムンミウス自身の像も抜け目なく建てたことが明らかになっている。

またこのむずかしい時代に人質としてローマにあった経験から、ローマの実力を知りつくして、ギリシア人の無用の抵抗をいましめ、ギリシア人とローマの間の斡旋に尽力した史家ポリビオスのために、エリス人が建てた像も出土している。

アカイア同盟がギリシアの独立のために死闘をおこなって滅びたのち、アウグスッスが地中海世界を統一して「ローマの平和」を確立するまでの約一世紀は、オリンピアにとってはなはだ苦しい時期であった。ギリシアのポリスの衰頽はなにもこの時にはじまったものではないが、人口減少、経済的貧困に加えて、ローマ内乱時代のいろいろの事件がギリシアの土地を戦争にまきこみ、ローマ軍の徴発という負担が加わったからである。この時代にはオリンピアに新しい建築もおこなわれず、祭典をつづけていくだけでやっとだったらしい。

前一世紀の後半には、ギリシア本土が三度もローマの将軍たちの決戦場となるというひどい事態が訪れた。しかし、そのようななかでオリンピアはよくも無事であったと思われる。もっともそれよりさき、前八〇年代に小アジアを根城に反ローマの旗じるしで立ったミトラダテス六世に対しスルラが討伐に来たとき、この閥族派の将軍はギリシア軍資金の欠乏から神殿の聖財に目をつけて、諸所で徴発をおこなった。オリンピアもその一つで、一応は借用の形で返すつもりだったかもしれないが、返済したという話は伝わっていない。

さらに驚くべきことには、スッラはローマで独裁者の地位を確立したのち、第一七五回すなわち前八〇年のオリンピアの競技をローマに移し、ただ少年の競技だけをオリンピアでおこなわせた。あとでみるようにローマ人のスポーツにたいする態度から推して、これはローマにおける体育振興のためではなく、征服者ローマを背景にしたスッラの傲慢さと、見せ物としての競技をたのしもうという意図からでたものであろう。さらにつきつめれば、民衆懐柔の手段としての思いつきといえるかもしれない。この暴挙についてのスッラの口実は、イタリアの内乱に苦しんだ民衆にレクリエーションをあたえるにあったと伝えられるが、オリンピックの選手がローマの将軍の凱旋祝賀会の余興に使われたと評されても致しかたがなかろう。

優勝者の変遷

ヘレニズム時代のもっともいちじるしい特色は、アレクサンダーの東征によってペルシア帝国が滅亡し、小アジアからさらに東方の地域やエジプトがギリシア人に開かれ、エジプトのアレクサンドリア以下多数のギリシア風の都市が建設されたことにある。前三世紀の間に、せまく貧しいギリシア本土を捨てて移住して行った者の数はおびただしく、本土の人口は他の理由もあるが目にみえて減少した。その反面、東方の新しい都市には、ギムナシオン、パレストラがつくられ、体育競技がギリシア的生活の象徴として東方の各地にひろまった。

このような時代の激変は、オリンピアの競技にもはっきり反映しているが、今日に伝わる優勝者のリストがそれをよく物語っている。

第一に、ギリシア本土のスパルタとかアテネのような代表的ポリス、また前七世紀いらいオリンピアの祭典の隆盛に本土に劣らず寄与したイタリア、シシリーの古くからの植民市のいちじるしい凋落である。これに反してマケドニア、エジプトのアレクサンドリア、それに小アジアの都市、この時代に仲介貿易で栄えたロードス島などから来た選手が、頻々と栄冠をかちとっている。なかでも、一二八回（前二六八年）に、エジプトのプトレマイオス二世の妾のベリスティケーが、四頭立て仔馬馬車競走に優勝していることが時代の変遷をもっとも端的にあらわしている。

一方、本土の都市では、エリスとかアカイアとかアルカディアのようなオリンピアに近い地域が選手を送り、ことにヘレニズム時代の最後の一世紀には、エリス人の富裕者たちが自分で育てた馬により戦車競走や競馬に優勝している例が多く、その点ではオリンピックがその最古期に戻ってエリスの局地的競技の面を示した。しかし他の種目では、エジプトのアレクサンドリアを主とする東方からの、それももうアマチュアとはいえぬ連中が多く優勝している。

東方の出身者のなかには、リディア人とかカリア人とか、単に小アジアの一地域名のみ伝わるものもある。

もともとオリンピックの大きな特色は、選手がポリスの代表だった点にあったが、「リディア人」や「カリア人」ではギリシア語を語っていても少しおかしい。マケドニアの王家が古くからポリス生活を知らずに参加していたが、マケドニアの貴族のたてた王朝の王の妾が、持ち馬で優勝したとなると、これは市民の体育とはまったく無関係である。この間に本土のシキュオンのアラトス、あの前三世紀におけるアカイア同盟の大発展に貢献した有名な人物が、若いとき体育を好み、諸所の競技に出て五種競技で優勝したと伝えられているのは、毛並みのよい市民がみずからスタディオンで活躍した例として特筆に値する。それというのも、ヘレニズム時代に入ると体育競技のいわゆる堕落、選手のプロフェッショナル化がいちじるしいからである。

これらの重大な変化のうち、ポリスの代表の色彩が減じたという点は、体育競技や選手の責任というよりも、ポリスの衰頽、具体的には市民団の枠のゆるみとそれによる市民権乱発の結果である。選手のプロ化が進むと、有名な選手はやたらに多くの市から市民権をあたえられている。

このプロ化という現象については、競技の優勝者にたいする称讃が大きすぎたためだったとする説明がある。すでに前六世紀の早くからクセノファーネスという思想家は、ホメロスやヘシオドスが神々を人間の姿で描いていることを批判すると同時に、オリンピックでの勝者への過大な礼讃を白眼視し、ポリスに役に立つのは体力のすぐれた人間ではなく頭脳に秀でた人物だと述べている。

優勝者にたいしその出身のポリスが、凱旋将軍を迎えるような馬鹿げた歓迎をした例が実際に知られている。一時のことにもせよ、市のプリュタネイオンで国賓なみの饗応をうけ、また劇場における特別席のように、一般の市民から飛び抜けた待遇を終生受けたことも、体育が本来強健な市民たちをつくるにあったとすると、少し行き過ぎに思われる。しかし、前にも述べたように選手のプロ化を来たしたのは、オリンピアで勝つほどの実力のある者なら、他の地で楽々と金や賞品をとれるし、またそんなところで経験を積んだ者でも、はっきりプロというわけでもないからオリンピックに出場できたことにあった。しかし、この時代には選手の職業化は、かれらが組合をつくるほどにはまだ進んでいなかった。

しかしボクシング、レスリングなどに重量差の規定がないため、むやみに肉食をし睡眠をとって肥るようにする選手向きの生活が生まれ、選手の肉体からギリシア美の生命である調和と均斉が失われていった。精神と身体との調和にいたっては問題外であろう。

このプロ化の傾向は——よくわかることだが——ボクシング、レスリング、パンクラティオンにおいていちじるしく、その仕合いぶりはだんだんに乱暴になって行った。今日のこっているこれら種目の専門家の像において、この変化が正直に表現されているといわれる。そして特別強い者を「二代目ヘラクレス」と呼んだり、オリンピア以下の四大競技に勝った者を「巡回優勝者」と呼んだり、なにか興行を思わせるような呼び名が生まれたのもこの時代からである。

ローマ帝政期 1

ギリシア人とローマ人とは、似たような風土のところに、かなり共通点の多い社会・制度を生んでいるが、体育競技にたいしては不思議なほどちがった考え方をもっていた。ローマでも、ギリシアに少しおくれて重装歩兵の密集隊が軍の中堅をなし、それがローマの発展のもとになっていることや、文化の多くの面でローマ人がギリシア人の模倣をしていることを思うとき、この差異は一層きわ立ってくる。

第一に、ローマ人はギリシア人の裸体なるものにたいして、はじめから嫌悪を感じ、それを恥としたばかりか悪徳の源と考えた。この態度を押し通してゆけばオリンピックなどはもってのほかであり、かれらの実力をもってすればこれを禁止することもできたろうし、裸体を禁ずることはなおさら容易だったろうと思われる。

しかしそうならなかったのにはわけがあった。エトルリア人の風習から起こった剣奴の真剣勝負を見物するという娯楽がローマ人にひろまり、共和政の時代が進むとともにそれがさかんになったことは誰でも知るところであろう。つまりローマ人ははじめから眺める立場、観客の立場をとったのであり、かれらにとっては祭典にともなう競技は見物すべて遊び（ludi）であり、ギリシア人のようにみずから参加しておこなうべき力競べ（agon）ではなかった。

共和政期後半のローマには、ギリシア文化がたいへんな勢いで入ってきた。教養人はギリシア語でものが書けるのを得意とし、ギリシア文化は東方よりもローマにおいて、もっとしっかりと根を下ろした。オリンピア祭をローマに移そうとしたスルラは、自分の回想録をギリシア語で書いたほどの人物であるから、オリンピックの何たるかはよくわかっていたはずである。だからかれの動機は、要するにローマ市において、剣奴の勝負に加えて、先進民族の間に生まれたもっと「文化的な」競技をおこない、自己の名声を揚げるにあったのではあるまいか。

オクタヴィアヌスによって地中海一帯が統一されたとき、また別の考慮が加わった。この初代の皇帝は、ローマ人のなかでは珍しくギリシア系の競技を眺めることが好きであったと伝えられ、自身アントニウスにたいするアクティウムの海戦の勝利を記念して、アクティウムの附近にかれが新たにつくったニコポリス（「勝利の市」）に、四年ごとの大競技会をはじめたほどであった。

政治にうるさいギリシア人を上手に治めてゆくには、かれらの伝統的な文化を尊重し、その集中的な表現ともいえるオリンピアの祭典を盛り立ててゆくのがよいという考えは、すでにマケドニアのフィリップにも見られるが、アウグスッスいらい歴代この方針がとられた。

アウグスッスとオリンピアの関係は、今日直接の史料からはわからないが、ゼウス神殿の修理や神職の制度の整備には、かれの息がかかっていると推測されている。事実われわれはメトローオン（母神殿）が、エリス人によりローマ帝室の神殿に変り、そこからゼウスの姿をしたアウグスッスの像が出たことを知っている。これいらい神苑では、ローマ皇帝やその一族の人びとの像が優勝者のそれと席を争った。

このようにしてローマ帝政の成立は、平和の確立であるとともに外見上はオリンピアの復興であり、神域の建造物の修築や改造も進んだ。それは紀元二世紀の前半に、ギリシア文化を愛し、ギリシア都市の復興に尽力したので知られるハドリアヌス帝の治世に、その頂点に達した。しかしそこにゆきつくまでには、一、二のおもしろいエピソードがあった。

カリグラ帝（在位三七―四一年）は、アウグスッスのはじめた元首政を逸脱して君主政を、さらに自己の神化を望んだと評されるが、スエトニウスのカリグラ伝をみると、帝はオリンピアのゼウスの像以下、その尊さと芸術的価値で知られたギリシアの神像をローマに移し、その頭を取り去って自分のをのせようと企てた。そしてオリンピアではゼウスの巨像に足場がつくられ、解体作業をはじめたところ、「神像が不意に哄笑したので」足場が倒れ、仕事師どもが逃げだしてしまった。世人はやがてこの暴君が暗殺されたとき、オリンピアの異変をその前兆だったと噂した。

つぎはネロ帝（在位五四―六八年）である。イストモスすなわちコリントの地峡に運河の建設を企てたこの有名な暴君は、ギリシア文化を多少かじって芸術家気取りであった。スエトニウスのネロ伝によると、かれはみずから仮面をつけて悲劇の役を演じて得意になっていた半面、ローマ市でおこなわれる戦車競走にも特別の興味を示していた。そのころギリシア都市で音楽の競技のおこなわれる際には、優勝の冠をこの皇帝に捧げる習慣が生まれ、ネロをますます得意にしていたが、体育競技だけのオリンピアは、けっしてそのような風潮には倣わなかった。

紀元六五年の第二一一回のオリンピックは、ネロ帝のギリシア旅行の都合により二年繰り延べられて六七年におこなわれ、オリンピア以外のいろいろな祭典も、かれの参加を可能にするため、繰り上げられたり、繰り延ばされてこの年におこなわれた。そして空前絶後のことであるが、帝の希望でオリンピックに音楽の競技が加えられた。もちろんかれが優勝と決まり、ネロ自身が触れ役まで演じて優勝者名をアナウンスした。

ネロは諸所で戦車競走をおこなったようであるが、オリンピアでは十頭立てという大変な車で出場し、そして、えらいことに自分自身が馬を御した。これは正にオリンピックの盛時にもなかった立派な態度だ。ところが走り出すとたちまち車から投げ出され、車にかつぎこまれたものの、立っていられず、コースの終らぬうちに棄権した。それでも栄冠はネロの頭上に捧げられた。

ネロはオリンピアから他の優勝者の記憶を消し去るために、その立像を取り除いて捨て去るよう命じたという。しかし後にパウサニアスが多数の像を見ているから、この命令は幸いにして大した実行力がなかったらしい。ギリシアを去るにあたり、ネロはイストモスの競技の日に、スタディオンの中央に立ってギリシア本土の全属州の自由を宣し、競技の審判員たちにローマ市民権を賦与したうえ、さらに多額の金員を贈った。かれは、すっかり萎びていたろうがオリンピアで得た冠をかぶり、右手にはピュティアの月桂冠を握り、アウグスツスが凱旋式に用いた馬車でローマ市に入城したという。

われわれは遺跡めぐりで、神苑の東南隅に「ネロの別荘」なるもののあったことを知っている。そのほか、その近くで神苑の南壁の東部に「ネロの凱旋門」なるものが、このときにつくられたことが推定されているが、パウサニアスがそれをまったく誌していないのにはわけがあった。

ネロの御出馬によってオリンピア祭には一大汚点がついた。六八年にネロが仆れたのち、人びとはかれの記憶を消し去ることに全力をあげた。この年の行事は無効として抹殺され、そのときのヘラノディカイは受けた金員を吐き出さねばならなかった。そんなわけで、ネロが特別につくった神苑の大門も、取りこわされたか使用禁止になったかしたものらしい。

ローマ帝政期 2

紀元二世紀のローマ五賢帝の時代、オリンピア祭は「ローマの平和」による交通の安全で、もはやエケケイリアの公布もなしに多くの観客を集めていた。ギリシアをこよなく愛し、アテネ市に新しくアゴラを設け、いくたの美しい建造物で飾ったハドリアヌス帝が、オリンピアにこれというものをつくっていないのはむしろ不思議である。しかし帝をたたえる碑文や帝の像は、ギリシア人の手で建てられているから、帝がオリンピアに好意を示していたことは明らかである。帝に代って神苑に給水の施設を設け、観客に喜ばれたのはアテネの大富豪ヘロデス・アッティクスであった。単なる給水場とはいえぬこの華麗にして仰山な「神泉」については、遺跡めぐりの際、すでに述べた。

要するに、このころのオリンピアは、建造物からみても、観客数からみても、前五世紀に優るとも劣ることはなかったであろう。それにもかかわらず、祭典の内容は末期的であった。前四世紀よりも、ヘレニズム時代よりもさらに末期的だったのだ。それはなぜだろう。

一見したところむしろオリンピアの隆盛を物語るような文学的作品が、この紀元二世紀から三世紀半までにつぎつぎに生まれている。たとえばいままでに幾度となく引用したリディア生まれのパウサニアスの『ギリシア案内記』がそれであり、その十巻のうちのほとんど二巻がオリンピアにあてられている。シリアのサモサタに生まれた作家ルキアノスの作品にも、あとで見るようにオリンピアに縁故の深いものがあり、二―三世紀の、レムノス島生まれのフラヴィウス・フィロストラトスの「体育論」も、オリンピアの競技の成立をまず論じているといった具合である。

しかしパウサニアスの記事は、オリンピック競技の隆盛を誌しているのではなく、いわば名所の観光案内であり、遠く過ぎ去った盛時を追憶している態度は覆うべくもない。フィロストラトスの一篇は、体系的な体育論であるが、この時代の競技者の堕落にたいする警告の書といってもよい。

このころのオリンピックには、その生命であった、ヘレネスの民族的祭典、ポリスを代表するアマチュアの仕合いという特色が、二つながら失われていたのである。

「民族的」という原則は、すでにヘレニズム時代のアジア出身者において崩れはじめていたが、ローマ人が現われるにおよんでそれはまったく失われてしまった。

ローマ人の参加については、一七七回（前七二年）に「シキュオンのヒュプシクレースとローマ人ガイオスとが長距離に勝った」という奇妙な伝えがあり、文字通りにとれば二人の優勝者があって、一人のローマ人がギリシア人と一緒に全裸で走ったわけである。しかし、ギリシア人のヒュプシクレースが後にローマ市民権を得てガイウスといったので同一人ではないかとの解釈もある。これは別として、紀元前四年にティベリウス（後の皇帝）が、紀元一七年にはゲルマニクスが、それぞれ四頭立て戦車で「参加」して優勝しているのは確実である。

かつてはマケドニア王の民族を問題にしたギリシア人も、地中海の征服者をバルバロイ扱いすることはできなかった。素姓のはっきりせぬ者が進出して来たとき、本土のギリシア人はしだいに参加の熱意を失い、見物人になっていった。ネロがぶざまに敗れながらオリーヴの冠を得た一事は、古い伝統を尊ぶ人びとにとってオリンピック出場の気持を減退させたにちがいない。

それにもかかわらず、選手は大勢集まった。エジプトのアレクサンドリアの人たち、小アジアのリディア人、カリア人などの東方系の人びとが、どこかの市の市民という形で自由に参加した。その意味でこのころのオリンピックは、昔の盛時よりもはるかに全人類的になっていたともいえよう。もっとも、アフリカの黒人が現われたとしたらたちまち拒絶されたことは明らかであるが。

昔のポリスの代表という点が事実上失われたことも当然だった。ポリスが政治的に自由・独立であったればこそ、ポリスの代表という意識も生きていたのだが、ローマの属州内の行政・徴税の単位と化したポリスは、選手にとって出生地ではあっても祖国ではなかった。

このころの参加者は大部分が完全に職業的な運動選手であった。フィロストラトスの筆によれば、昔の名競技者の粗食と猛修業とはうってかわって、美食と満腹によりもっぱら肥満をねらい、無精で八百長を何とも思わぬような連中が幅をきかせているのが、当時のギリシアの競技会であった。かれはイストモスの競技会のような「民族的競技」でもこのころはひどい八百長が公然とおこなわれたと誌しているが、ただオリンピアだけは昔からの神聖さを保持していると強調する。

たしかにオリンピアについては、これまでの一千年近い歴史の上で八百長として伝えられる事件は数えられるほどしかない。その点、賞金目当てのプロの連中も、オリンピアに出たときだけは、フェアプレイで優勝し、その名声であとを稼いだものであろう。しかしかれらが祖国としてのポリスをもたないことは、オリンピックにおいても他の祭典におけると同様であった。

とにかく、紀元二世紀半ばころのオリンピアの祭典は、世界各地の観衆を集めて盛大におこなわれていた。いま一例として第二三六回（一六五年）の祭典について知られるところを述べれば、優勝者としてはアレクサンドリアのアエイタレース（短距離競走）、スミルナのマルクス・アウレリウス・クリュシッポス（レスリング）、タルススのティッス・アエリウス・アウレリウス・アポロニウス（触れ役）である。三人とも地中海東部の出だが、あとの二者はその名から推してローマ市民権の所有者であり、かつ「巡回優勝者《ペリオドニーケース》」だったことがわかっている。そしてアポロニウスはローマ市のカピトリア祭でも優勝している。

競技者のプロ化の様子は大体これでわかるであろう。
一六五年の祭典を例にとったのにはわけがある。このときに犬儒学派《キュニコス》の「哲人」ペレグリノス（別名プロテウス）がオリンピア祭に集まった人びとを前に、身を火中に投じて自殺するという珍しい事件があって、これをかのルキアノスが辛辣な皮肉と嘲笑の筆でくわしく伝えているからである。ルキアノスは諷刺作家であるとともにいわば戯作家であり、その史実尊重の程度がどんなものかは、われわれがすでにマラソン競走の故事のところで知ったとおりである。したがって、かれの話のこまかいところは誇張もあろう。しかしペレグリノスの伝記は、ルキアノスの「ペレグリノスの最期」以外にはないので、それを批判的に利用するほかはないのであるが、かのヘロデス・アッティクスのつくった神泉についてのこの「哲人」の態度の話なども出てきて、おもしろいのでそれをそのままに紹介すれば――

ペレグリノスは紀元一〇〇年ころ、小アジア西北部のトロアス地方のパリオンの裕福の家に生まれ、父殺しの噂から故郷を棄ててパレスティナに来たり、そこでキリスト教徒となった。そして投獄されたりしたが釈放されたのち、いったん故郷に帰った。それから放浪の旅に出て、キリスト教徒の仲間と争ったのちエジプトを訪ね、ここで犬儒学派のアガトブーロスの弟子となった。その後イタリアに渡り、ときの皇帝アントニヌス・ピウスを批判して人気を得、最後にギリシア本土に来て諸所を遍歴しつつ説教した。犬儒学派といえば、前四世紀のディオゲネースで有名なように、権威を恐れず習俗を無視して自由な生活に徹した哲人を思い出すが、哲人と変人、にせ哲学者、売名の乞食僧との境界は微妙である。ルキアノスは、世間の人気にもかかわらずペレグリノスの正体が名誉欲にかられた鼻持ちのならぬ俗物であることを暴露している。

さてペレグリノスは、オリンピア祭には三回来ているらしい。第一回目は一五三年で、おそらく当時工事中だったヘロデス・アッティクスの神泉について、ギリシア人を柔弱ならしむるものとけなし、オリンピックの観衆は渇に堪えるべし、と批評したが、そのために人びとに石を投ぜられて危うく免れた。次回の一五七年には、前説をひるがえしてヘロデスを賞めたたえ、前回の自分の逃亡を弁護する一文を発表した。そして第三回目の一六一年に来たときは、次回に我と我が身を火中に投ずるであろうことを予告した。

ルキアノスは、かれ自身誌すところでは四度オリンピア祭を見たが、一六五年のはそのなかでもっとも立派であった。ペレグリノスは「触れ役の競技」のすんだところで、大勢の群衆に送られてゼウス神殿の後室に現われ、かれを賞める者、非難する者のひしめいている前で告別の演説をぶった。自分が哲学のためにいかなる困難に堪えてきたか、ヘラクレスのごとくに生きた者はみずから焚《や》かれて昇天したヘラクレスのごとくに死すべきであり、私は死を軽んずべきことを示して人類に益したい、といった内容であった。自殺を思い止まるようにとの声もあったが、「早く実行しろ」という催促のどなり声に、「哲人」は死人のような顔色を一層蒼くして演説を終えた。

やがて祭典がすんだ。ルキアノスは馬鹿らしい芝居を見る気もなくすぐに帰りたかったが、一時に観客が帰るために車がつかまらないので後にのこった。「哲人」は決行の日を一日のばしにのばしていたが、ついにそれを発表した。ルキアノスは友人と決行の場を実見したことになっているが、それはオリンピアから東北二十スタディオン（約四キロ）のハルピナというところで、あらかじめ深く掘った穴のなかに薪が積まれていた。「哲人」はそれに自ら火をつけて身を投じた。

かつてはゴルギアスやリュシアスが、ギリシアの統一とペルシアへの戦いを呼びかけたゼウス神殿の後室において、インドの波羅門《バラモン》の苦行僧をまねた似而非《えせ》哲学者が、売名のための告別演説をおこなっているのである。

内陣の本尊ゼウスの神像は、さすがに観光者たちをその立派さのゆえに感嘆させていた。しかしフィディアスの芸術をもってしても、オリンポスの神々への信仰心の衰えをとどめる力はなかった。このころのオリンピアはもうギリシア民族の聖地ではなくて、ローマ帝国におけるもっとも由緒の深い観光地に化していたのである。

オリンピアの祭典は、この一六五年のそれからのち、二百三十年ちかくもつづいた。おそろしい息の長さである。三世紀の半ばまで優勝者の名が伝わっているが、黒海岸のシノペの市から出たヴァレリウス・エクレクトスなる者が、二四五年から二六一年まで四度

「触れ役」の競技で優勝しており、この人物の競技歴を記録した長大な碑文がアテネから出土している。

これがオリンピアその他の主要な競技に関係した碑文の現存する最後のものであるが、それによるとこのエクレクトスは、アテネ、デルフィ、エリスその他の「多くのポリスの市民かつ参事会員」であり、オリンピア以下のギリシアの祭典をはじめ、ローマのカピトリア祭、(ローマ)建国一千年祭その他での優勝の数は八十ほどに及んでいる。一千年の昔、競走にはじまったというオリンピックは、幾多の種目の増加をみながら、今日の優勝者表ではこのエクレクトスという声優が確実な優勝者の殿《しんがり》をなしている。

それからのちエジプト出身の優勝者が一、二伝わっているが、あとは百年も、優勝者不明の時代がつづく。その間も祭典はおこなわれていたにちがいない。しかし三世紀の半ばからゴート人が海路黒海から南下しはじめ、小アジア海岸を荒らしたのち、二六七年には、その一部はペロポネソス半島深く掠奪・放火をおこなった。アテネ、コリント、スパルタ、アルゴスといった都市まで、ゲルマン人によって一時占領される有様であった。「ローマの平和」は失われた。今度はエリス人の〝エケケイリアの布告〟などはまったく受けつけぬ相手である。この物騒な時代にもよくも祭典がおこなわれたものと思う。どんな規模でかはわからないながらも、とにかくそれはつづいていた。

しかし、オリンピア祭の真の敵はゴート人ではなかった。ゼウス以下のギリシア人の神々の信仰と根本的に対立するキリスト教が、三百年の間にしだいに人びとの心をとらえてゆきつつあった。ペレグリノスのように、ちょっと教団に加わって転向する者は例外であった。四世紀のはじめ、ディオクレティアヌス帝が最後のキリスト教大弾圧をおこなったが効がなく、三一三年、コンスタンティヌス大帝のキリスト教公認となった。その後いろいろの曲折はあったが、四世紀末のテオドシウス帝にいたってついにキリスト教の国教化、異教の禁断となった。三九二年十一月八日の勅法により、異教の祭祀はその供犠とともに公的なものも私的なものも厳重に禁止された。オリンピアの競技はその翌三九三年の第二九三回までおこなわれたが、これが最後となった。

四世紀の後半については、百年間のブランクののちに、一、二の優勝者名が推測されている。普通には、二九一回すなわち最後から三番目の三八五年の祭典に、ヴァラズダトという者がボクシングで優勝したのが、わかっている最後であるとされている。かれは三七四—三七八年の間アルメニアの王だった人で、ペルシア系の民族の出だった。すでに以前からギリシア人でない者がオリンピックに出場していたことは事実であるが、西欧の学者たちは、古代オリンピックはその終焉に際して、皮肉にも蛮族に開放された、という意味のことを書いている。

四二六年、テオドシウス二世による異教神殿破壊令をもって、オリンピアはその永い歴史の幕を閉じた。

参考文献

オリンピアと古代オリンピックや体育競技に関する著書・論文の類はまことにおびただしい。それらのうちで、私がきわめて有益な通史として利用したのは、古いものでは、

Boetticher, A. *Olympia. Das Fest und seine Stätte.* 2 Aufl. 1886

である。著者は第一次発掘に参加した人で、第一次発掘後の一般向き豪華本として有名だった書である。二十世紀にはいってから書かれた通史としては、

Gardiner, E. N. *Olympia. Its history and remains.* 1925

が優れている。オリンピアはドイツが発掘権をもつところでありながら、このイギリスの著作はドイツの学者たちによっても無視できなかったものである。私自身も本書を書くにあたり、通史という意味ではこの書に教えられたところがもっとも大きい。著者は古代の体育競技についても造詣が深く、その点についても、私はかれの名著、

Athletics of the ancient world. 1930 Reprint 1955

によって多くのことを教えられた。

オリンピック委員で、古代オリンピックの専門的研究者でもあったハンガリーのMezö, F. の*Geschichte der olympischen Spiele*（一九二八年第九回オリンピック文学競技金メダル受賞作品）の改訂日本語版が大島鎌吉氏の訳筆で、

『古代オリンピックの歴史』（昭和三十八年再版、ベースボール・マガジン社）

として出ていることも特筆に値する。これは古典の出典を忠実に註記し、主要な優勝者名を附した古代オリンピック年表を添えている。この本から私はいろいろ教えられたので、絶版だった原書を知る機会をあたえられた訳者に感謝している。

また日本の大学にひろく所蔵されているPauly-Wissowa-Kroll, *Realencyclopädie der classischen Altertumswissenschaft*（*RE*と略記される）のうちの、

Ziehen, L. *"Olympia"*（*Olympische Spiele*）RE XXXIV Halbband（1939）Sp. 2519〜2536. XXXV Halbband (1939) Sp. 1〜71.

Wiesner, J. *"Olympia"*（*Topographie und geschichtliche Monumente*）XXXV Halbband（1939）Sp. 71〜174

もいろいろ参考になった。

オリンピアや古代体育関係の文献は、以上の著書・論文の文献表に網羅されているが、最近の発掘成果は、

Kunze, E. *Neue Ausgrabungen in Olympia. Sonderdruck aus "Neue deutsche Ausgrabungen im Mittelmeergebiet und im vorderen Orient"*

に、発掘主任の最高権威者により写真入りで簡潔に報告されている。さらに詳細を望む人は、目下刊行中のオリンピア発掘報告を見る必要があるが、スタディオンについては、

Deutsches Archäologisches Institut. *V. Bericht über die Ausgrabungen in Olympia.* Winter 1941-42 u. Herbst 1952 von Emil Kunze 1956

に詳細に報じられている。

古代オリンピック起源論については、

Jüthner, J. *Herkunft und Grundlagen der griechischen Nationalspiele.* Antike XV (1939) s. 231-264

が優れている。おなじ題目を扱った

Meuli, K. *Der Ursprung der olympischen Spiele.* Antike XVII 1941 s. 189～208

は、いわゆる競技の宗教的起源論の一例である。

古代オリンピック優勝者の正確で網羅的研究については、幸いにして最近にイタリアの古代競技史の専門家であるMoretti, L.によって立派なものが公表され、これによって私は大いに助かった。

Moretti, L. *Olympionikai, i vincitori negli antichi agoni olympici.* Atti della Accademia Nazionale dei Lincei (1959) Serie Ottava. Memorie. Classe dei Scienze morali, storiche e filologiche. Volume VIII p. 55～198

この研究では、第一回から終末まで回ごとに伝承の優勝者を出典を挙げて列記し、必要な場合には論考を附している。一応優勝者として挙げられているもののなかにも、?を附せられているものが少なくない。

私はこの本の性質上、古典の出典や近代の学者の名前はいちいち挙げなかったし、さまざまの異説にも立ち入れなかった。だからたとえば、PelopsとかPisaとかIphitosといった問題の多い事項について、より詳細を望む人は、ドイツのアカデミズムの結晶ともいうべき前記の*RE*の当該項目を熟読されたい。

古典のなかでは、パウサニアスのものがオリンピアとはとくに関係が深いが、これについては、

Frazer, J. G. *Pausanias's description of Greece, translated with a commentary* 6 vols. 1913の有名な大著のあることを誌しておく。第一巻は本文の訳、オリンピアの部分の註釈は第三巻と四巻にまたがって懇切である。

なお引用古典のうち、ルキアノスのペレグリノスの一篇は、他の諸篇とともに、

高津春繁『ペレグリーノスの昇天』(昭和二十二年、東京堂)の訳がある。

またフィロストラトスの体育論については、

柘植一雄「フィロストラトスの『体育論』」(「関西学院史学」第四号、五号　昭和三十二年五月、三十四年二月)

にこの一篇の研究のみならず、全テクストの訳がある。この二つの訳業も私にはたいへん有難いものであった。訳書ならびに抜刷りを恵与された両氏にここで深く感謝したい。

最後に、私は日本の相撲についてはまったく素人であるにかかわらず、行論の上で少しこれにふれた。相撲の古史について、私の質問に答え、且つ、『相撲今むかし』(昭和三十八年、河出書房新社)の新著を下さった和歌森太郎氏に深謝する。これによって相撲の最古期についての伝承のことや相撲節会の性格について、安心して筆をとることができた。ただギリシアとの比較論は、もちろんすべて私の責任である。

解説　驚くことから歴史学は始まる

橋場　弦

本書は、日本におけるギリシア・ローマ史研究の基礎を築いた村川堅太郎が、古代オリンピックについて一般向けに書き下ろした教養書である。一九六四年の東京オリンピック前年に上梓され、一九八八年までに版を重ねること一四度、平明かつ自由闊達な筆致で書かれた名著として知られてきた。

著者は一九〇七年に東京帝国大学教授村川堅固の長男として東京に生まれ、一九四〇年に東京帝国大学助教授、一九四七年に東京大学教授となった。一九六八年の停年退官まで東京大学で西洋古代史の研究と教育に献身し、多くの優れた弟子を育てた。一九六七年には日本学士院会員に選ばれ、一九九一年に没するまで、わが国における西洋史学・西洋古典学の発展に力をつくした。

著者は、マルクス主義に依拠した戦後歴史学の主潮流とは一線を画しながら、マックス＝ウェーバーの理論をギリシア・ローマの社会経済史研究に本格的に導入した。論文「デーミウールゴス」はドイツの学会誌 *Historia*（一九五七年）にも掲載され、日本の西洋古代史研究の水準を世界的に認知させる嚆矢となった。また伝アリストテレス『アテナイ人の国制』をはじめ、多くの古典作品の翻訳・注解を残した。大正期リベラリズムを受けついだ著者の学問的関心の根幹は、日本や中国との比較において、自由で対等な市民であったギリシア・ローマ人の世界史的特質を解明することにあった。その業績のエッセンスは、『村川堅太郎古代史論集』全三巻（岩波書店）に収められている。

その一方で、座談の名手であったという著者は、軽妙で巧まざるユーモアがにじんだエッセイや、本書のように読みやすく良質な教養書を、数多く世に送った。『地中海からの手紙』で日本エッセイスト・クラブ賞を受賞した著者の語りの魅力は、しかし、西洋古典に対する深い素養と、現実を見つめる鋭い批判精神とに裏打ちされていた。

古代オリンピック（オリンピア祭）は、紀元前七七六年の第一回大会から、紀元後三九三年の第二九三回大会まで、一二〇〇年近くにわたってオリンピアの地で開催された、古代ギリシア世界最大の競技祭である。周知の通り、近代オリンピックは、クーベルタン男爵が古代オリンピックの復興を提唱して一九世紀末から始めたものである。世界的な運動競技祭を四年に一度開催するというアイデアを、もしギリシア人が思いつかなかったら、私たちは今日、オリンピックの楽しみに浸ることもできなかったわけである。

近代との最大のちがいは、古代オリンピックが神々の父ゼウスに献ずる宗教的祭典だったことである。ギリシア人は宗教の本質を、神々と人間との贈与互酬関係ととらえていた。

神々が繁栄と幸福をもたらしてくれる返礼として、人間はさまざまな贈り物をする。オリンピックは、人間が神に捧げる最大級の贈り物であった。著者が本書で、牡牛百頭の供犠に多くの紙幅を割いたのも、オリンピックの本質が宗教儀礼であったからに他ならない。

著者は、初めてオリンピアの遺跡を訪ねた思い出から語り始める。「オリンピアへの道は遠かった」という、短いが印象的な書き出しから、読者は古代の世界へといざなわれる。第I章は、手際よくオリンピア発掘史と遺跡のあらましを紹介する。著者はあくまで、極東からはるばる訪ねてきた一人の旅行者の視点から叙述するという姿勢を崩さない。読者は古代史の権威に教えを請うのではなく、あたかも自身物珍しそうに遺跡を見て回る著者のあとに従って歩いているかのように感じる。著者の親しみやすい語り口が、この嬉しい錯覚をもたらす。

第II章は、オリンピア祭がどのように始まったのかを、ミケーネ時代からポリスの成立に至る歴史の中で、古典史料や考古学の成果を用いて実証的な推理で解き明かす。やせ細った議論に陥らず、逸話や伝説を豊富に織りこみながら語られる推理は、読者を飽きさせない。にもかかわらず、軽い語り口のように見えて、その実、膨大な研究史を消化しないと書けない内容である。つづく第III章では、前八世紀に始まった古代オリンピックが、全盛期とされる前五世紀前半に至るまでどのように成長したかを、三つの時代区分にしたがって解説する。

著者は、古代オリンピック史を描いているように見えながら、実はその背景にある古代ギリシア史そのものを叙述の射程にすえている。古代オリンピックは、ギリシア世界という全体のなかに、いわば埋め込まれている。著者の表現を借りれば、「古代のオリンピアは、……古典古代史の縮図なの」である（第I章）。

全裸での競技や動物供犠といったトピックも、オリーヴ栽培や牧畜を中心とした農業事情という社会経済史的な背景から解明される。著者は、競技祭の向こうにある社会と人間に焦点を合わせている。その意味で、本書はけっして大家が手すさびに書き流した古代オリンピック概説ではない。

第Ⅳ章で競技についてひとわたり解説したあとで、著者は「要するに古代オリンピックは、ギリシア市民による、市民たちのための競技であった」と結論する。「体育は、そもそも国防の任務に耐えうる強健な市民をつくるためのものであり、市民皆兵が古典古代の都市の根本の原理であった。……市民というものの理想は、ある程度の土地と奴隷と家畜をもち、畑の見まわりはするが、午後はギムナシオン（体育場）でみずから競技したり、人の練習ぶりを見たり、来合わせた人と政治や学芸などの雑談をして過せるような生活にあった。」それこそが都市国家の「自由な市民」にふさわしい理想の人生であり、その市民たちがたがいの技を競いあったのが古代オリンピックだった。本書の主題はここにある。

したがって著者から見れば、ヘレニズム・ローマ時代に都市国家の原則が崩れ、ポリスの代表であったアマチュア選手が姿を消して、競技がプロ化・興行化したことは、いかに施設や建造物が美しく飾られようとも、「根本の精神の喪失」であった。だから、「オリンピアの尊厳」が低下した「この時代に多くのページを割く必要を認めない」という最終章には、「施設の完備と精神の喪失」というタイトルが冠せられるのである。

著者は、オリンピア祭に情熱を傾けた古代ギリシア人の習慣やものの考え方に対し、一人の日本人として素朴な驚きを隠さない。それは率直だが、主体的な態度である。著者は、主観的な感想を随所に差しはさむ。オリンピアの聖なる休戦（エケケイリア）を全ギリシア世界に告げて回る休戦使節の任務は、「とにかくこれは相当に御苦労なことだったと思われる」し、四頭立て戦車競走で四十人の御者のうち死ななかったのがただ一人という記録については、「たいへんなことである」と呆れている。

不可解なことについては、「まったく合点がゆかない」「これまたどうもよくわからない」「私の手に負えない」と正直に述べる。ボクシングについては、「鼻血が出るのだけで不愉快である」とあからさまである。こうした主観的なコメントは、前述した著者の実証的な探究姿勢と少しも矛盾しない。

著者は、パンクラティオンを「当麻蹶速《たいまのけはや》的種目」に喩えるなど、日本の古典を比較の参照軸として用いる一方で、「白日の下に全裸の男二人が組み合ってノタウチまわる風景というものは、われわれの眼には男性美の限界を越えたものを連想させる」と違和感を表す。しかし、「それは儒教、仏教、キリスト教と、さまざまの教えによって弱く育てられた私たちの神経のせいであろうか」と続ける。ここで著者は、異質な他者に対する自己の違和感を裏返し、逆に私たちが当たり前と思っているものの見方を相対化してみせるのである。

このように見てくると、著者が歴史の父ヘロドトスと多くの点で似ていることに気づく。その共通点は、たんなる語り口の魅力にとどまらない。もう一人の歴史の父トゥキュディデス（ツキディデス）が、客観的な事実と判断したことのみを冷徹に綴り、自分自身をも三人称で描くのに対し、ヘロドトスの『歴史』には、しばしば探究者としての「自己」が一人称で登場する。彼は、他人は知らず、自分が不思議だと思うこと、知りたいと思うことを、どこまでも探究する。そしてその成果を、思考の過程とともに披露する。複数の史料を比較検討し、その上でわからないことはすなおにわからないと述べる。「不思議なこと、驚嘆すべきこと（タウマスタ）」を解き明かし、語ることが、ヘロドトス生涯のテーマであった。

だとすれば、前述した著者の姿勢とは、このヘロドトス的態度に他ならない。著者は、自分が不思議だと思う問題には、たとえ本筋を離れてでも探究の手をゆるめない。たとえば研究史上議論のつきない古代オリンピックの競技日程については、「大して重要問題とも思わないので」あっさりと「問題外とし」、その一方で、「私には重要でかつ興味深い供儀のことにまずページをさきたい」と述べる（第Ⅳ章）。脱線をいとわないことまで、ヘロドトスに似ている。

遺跡めぐりの叙述にも見られるように、著者は「自己」の視点から語る姿勢を最後まで崩さない。歴史研究とは他の誰でもない自分が主体的に行う営みであり、現実を目の前にしてすなおに驚くことこそ歴史家に求められる資質であると、著者は教えてくれる。政権や王朝の正当化を目的とするのが東アジア的歴史記述の伝統であるのに対し、ポリス市民による個人としての主体的な探究が、ヘロドトスに始まるギリシア的歴史記述の伝統であるとするならば、著者はまさしく後者を本書において体現したといえよう。

反面、一九六四年の東京オリンピックに合わせて書かれたという事情は、本書の時代的限界をも示す。著者は、ペルシア戦争の終結（前四七九年）からペロポネソス戦争開始（前四三一年）までの時代を、アマチュアリズムとフェアプレーの精神がもっともよく顕現した古代オリンピックの最盛期であり、それ以降は衰退期であると考える。これは著者に限らず、また古代オリンピックのみならず古代ギリシア史全般に関して、著者の世代まで内外の学界で共有されていた古典的な盛衰史観にもとづくものである。

だがこの史観は、今日もはや通用しない。一九世紀以来古代オリンピックについて語られてきたことの多くが、実は近代になって創造された新しい神話であり、むしろ近代的ナショナリズムを逆投影したものであることが指摘されて、すでに久しい。そもそもオリンピック憲章のアマチュア規定のようなものは、古代のどこにも存在しなかったし、逆にプロ化した選手は、著者の言う最盛期にもすでに存在していたのである。

著者の世代には、ポリスを国民国家とのアナロジーでとらえる理解が残存していたが、いまやこれは過去のものである。著者の歴史観に、近代の残影が色濃く残っていることは否定できない。

とはいえ、こうした限界は、本書の魅力をいささかも減ずるものではない。本書は、国民国家がまだ主役であった東京オリンピックの時代を背景として書かれた。それを理解した上で、読者は著者とともにすなおに「驚き」ながら、古代世界を逍遥すればそれでよいのだと思う。


私が村川先生に親しく言葉をかけていただくようになったのは、大学院修士課程に進学してからのことであった。以後ご逝去までの八年間、孫弟子として先生の謦咳に多少とも接することができたのは、じつに幸福なことであった。

先生の人間味あふれる文体は、その人格からにじみ出てくるものであって、他人が真似ようとして真似できるものではない。ご自身「人間好き」を自称され、世情のあらゆることに対する興味関心を最期まで失われなかった。それは、没後に出版された随想集『古典古代游記』（岩波書店）からも明らかであろう。日本学士院会員という肩書きとは裏腹に、気さくで話し好きなお人柄であった。

先生は弟子を愛し、酒宴を愛し、植物を愛した。最初にオリンピアを訪ねた時、もっとも自分を喜ばせたのが「遺跡を埋めた野草の花」であった、という本書冒頭の美しい叙景には、先生の世界観が反映している。無類の凝り性であったという先生が、ご自宅の庭苔に注いだ愛情は、尋常一様のものではなかった。初めてお目にかかったときに見た先生の手は、庭仕事に丹精されていたせいか、学者とは思えぬほどごつごつしていた。爪先には黒土が見え、「農夫の手のようだ」とひそかに思ったことを覚えている。

本書には、ギリシアの風土や植生についてのこまやかな観察があちこちに見られる。それは、「土」そのものに対する興味とともに、戦時中は晴耕雨読して食糧を自給しておられたという先生ご自身の、ある種の身体感覚に裏付けられている。「八月の地中海はふつうは濃紺の水をたたえた湖水のようで」（第Ⅳ章）とか、「満月の下、アルフェイオスが白く照り映えるほとりで、祖国の、友人の勝利をことほぐ人びとの酒盛りが夜ふけまでつづいた」（同）といった詩的な表現は、真に自然と人間への愛を知らなければ紡ぎ出せぬ言葉であると思う。晩年、自宅門前の由緒ある樟が切り倒されそうになったとき、地権者である某県知事に樟の助命嘆願書を送ってその何本かを救ったという先生の逸話は、そのことを如実に物語る。同時にそれは、先生の学問が、ヘロドトス以来の市民的言説の範疇に属することをも傍証していると言えよう。

先生の思い出は時がたつほどにむしろ鮮やかによみがえり、いずれ別の機会に文章にまとめることができればとも願っている。なお、千葉県我孫子市にはかつての村川家別邸が、市指定文化財「旧村川別荘」として保存されており、「樟の助命嘆願書」のテクストをはじめ、堅固・堅太郎父子ゆかりの展示を目にできることも付言しておく。

碩学が書いた上質で親しみやすい教養書というものは、今や希有な存在になりつつある。その意味でも、本書がこの度ちくま学芸文庫として復刊されることを、大きな慶びとしたい。

（はしば・ゆづる　古代ギリシア史　東京大学大学院教授）

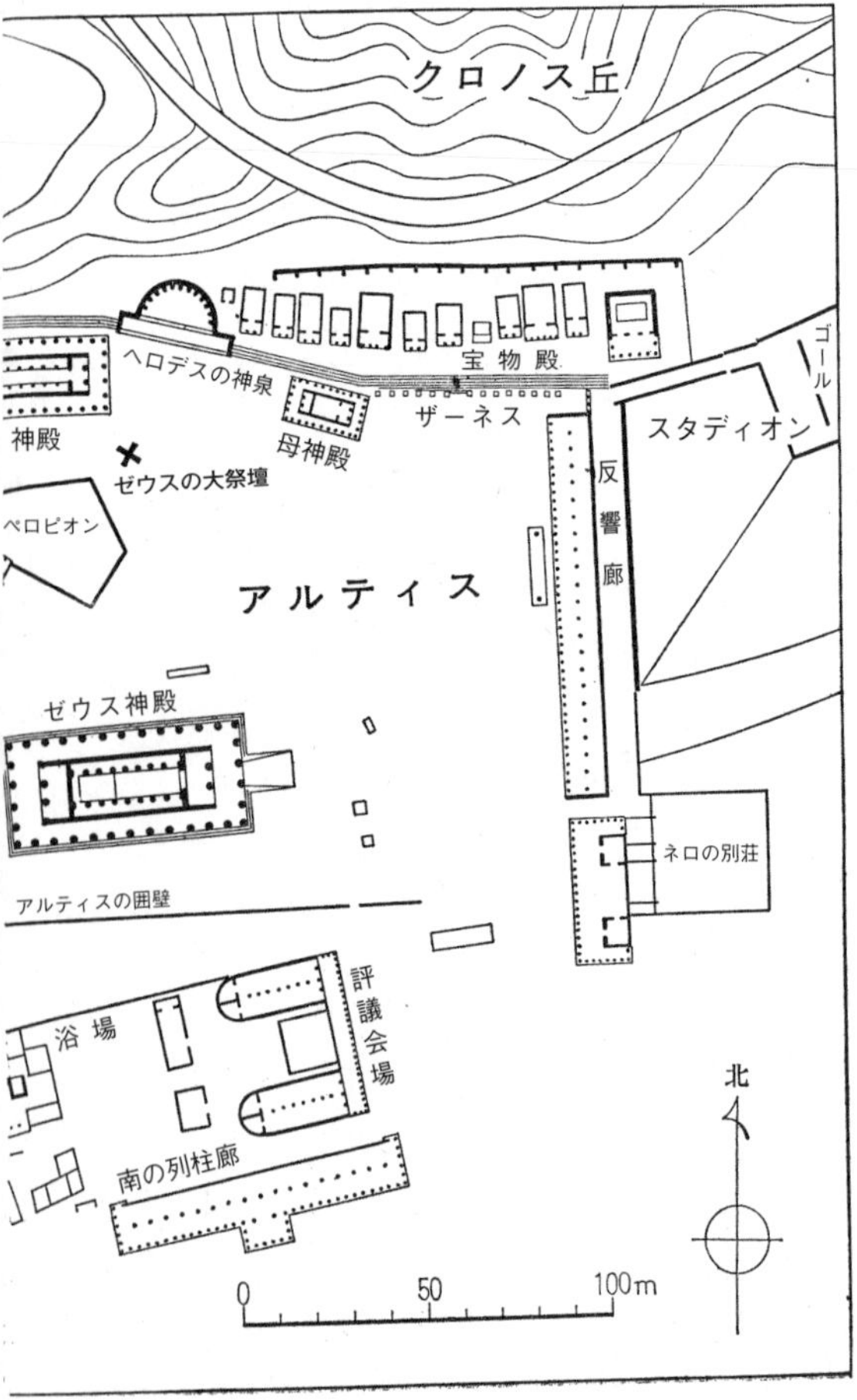
クロノス丘
ゴール
宝物殿
ヘロデスの神泉
ザーネス
スタディオン
神殿
母神殿
ゼウスの大祭壇
反響廊
ペロピオン
アルティス
ゼウス神殿
ネロの別荘
アルティスの囲壁
評議会場
浴場
北
南の列柱廊
0
50
100m

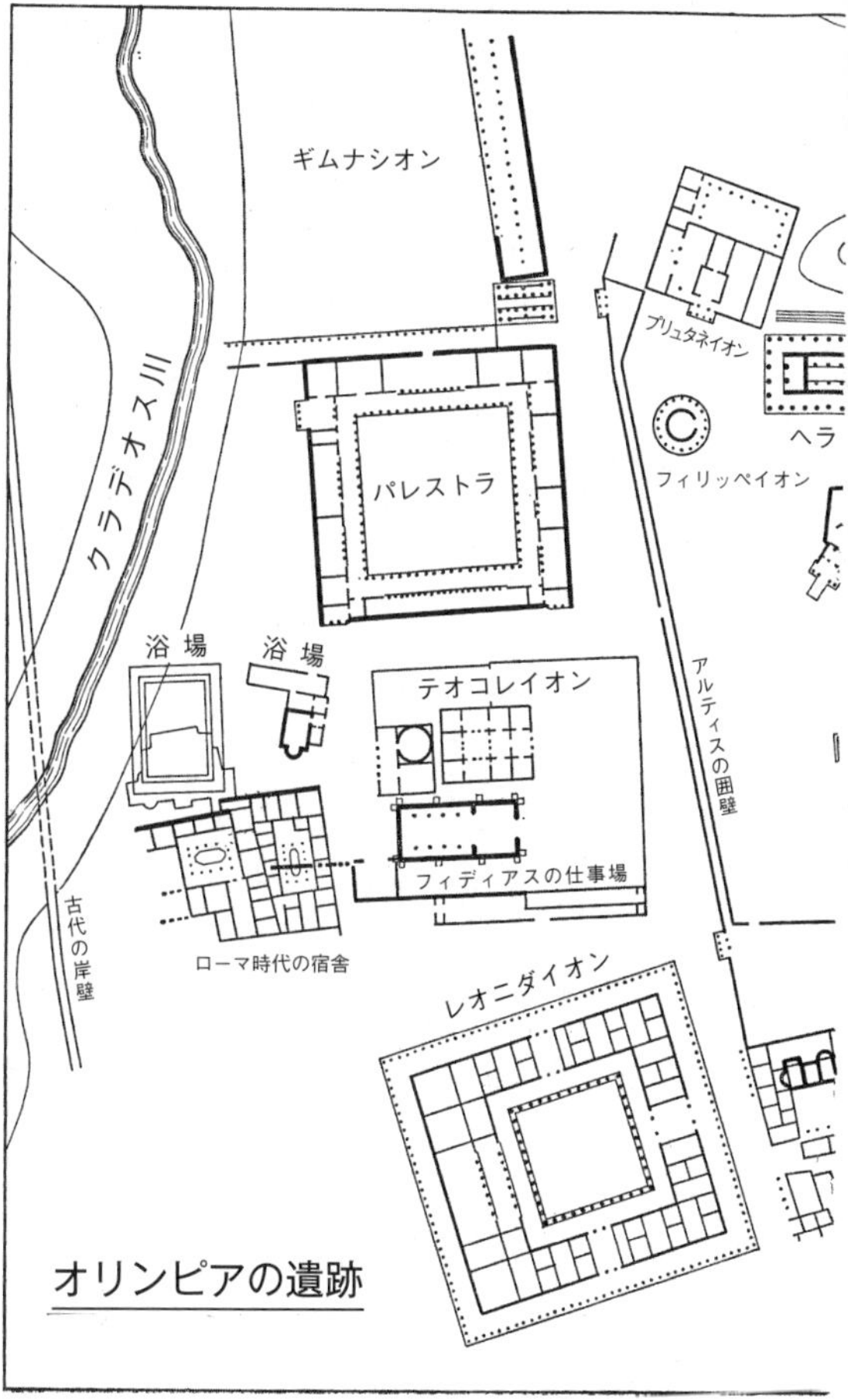

ギムナシオン
プリュタネイオン
ヘラ
フィリッペイオン
クラデオス川
パレストラ
浴場
浴場
テオコレイオン
アルティスの囲壁
フィディアスの仕事場
古代の岸壁
ローマ時代の宿舎
レオニダイオン
オリンピアの遺跡

300	ヘレニズム時代		選手の職業化がおこる
200		ローマ勢力がギリシアに伸びる	
		ローマの実権確立(146)	
100		ローマの内乱による戦場化	オリンピック衰微の時代
		オクタヴィアヌスによる天下の統一(30)	
紀元1			
	ローマ帝政期		オリンピックの復興
100		ローマ帝国の盛時	ネロ帝がオリンピックに参加(67)
			ヘロデス・アッティクスの神泉なる
200		ルキアノス	パウサニアスがオリンピックの記事を執筆(174)
		フィロストラトス	
300		コンスタンティン帝によるキリスト教の公認(313)	
		テオドシウス帝による異教の禁止(392)	最後のオリンピック(393)
400		テオドシウス2世による異教神殿破壊令(426)	神殿の破壊はじまる

	ヨーロッパ史	オリンピアの発掘史
1700		
	ドイツのヴィンケルマンがオリンピアの発掘を夢みる	1766　英人チャンドラーによる遺跡の発見
1800		
	1829　ギリシアがトルコから独立	1829　フランス人の発掘
	1871　プロイセンによるドイツの統一なる	1876-81　クルティウスによる第1次の発掘事業
1900		
	1936　ベルリン・オリンピック。ドイツにオリンピア再発掘熱高まる	1907　デールプフェルトによる先史住居址の発掘
	1939-45　第2次世界大戦	1937-42　再発掘
		1952-58　第2次発掘の継続。スタディオンの発掘

		ギリシア史	オリンピア
紀元前 1950頃	ミケーネ時代	ギリシア人の第1次南下と定住	
1500		ミケーネの盛時。	
1200		トロヤ戦争	
1100		ギリシア人の第2次南下と定住	
1000		ドーリア人、西北方言群の人びとがペロポネソスに入る	エリス人がアイトリアよりエリス地方に入る
900	暗黒時代		
800			
		ホメロスのイリアッド (750頃)	第1回オリンピック (776)
	植民市建設の時代	ポリスが形成されはじめる	
700		ヘシオドス	スパルタがオリンピックで最も活躍(720-580)
		アルゴスのフェイドン (670頃)	現存のヘラ神殿ができる
600		僭主の出現	スパルタが消極化する(580-)
		アテネでソロンが大改革をおこなう(594)	植民市が宝物殿を建造
	過渡の時代	アテネにおける僭主支配 (561-510)	
500			
	古典期(民主政期)	ペルシア軍をマラトンで撃退する(490)。サラミス海戦でペルシア敗北(480)	代表的オリンピック，ピンダロスの頌詩(476)
			ゼウスの神殿ができる (470-456)
			フィディアスがゼウス像をつくる
		アテネ民主政治の完成	
		ヘロドトス、ツキディデス	エリスのヒッピアスによる優勝者録ができる
400		ペロポネソス戦争(431-404)	
		カイロネイアの戦い(338)	プラトン
		マケドニアによるギリシア統一	アリストテレス
			現在のスタディオンとレオニダイオンができる
		アレクサンダーの東征(334)	
			フィリッペイオンの建造

本書は、一九六三年十月五日、中央公論社より中公新書として刊行された。文庫化にあたっては明らかな誤りは正し、ルビも増やした。また、図版を大幅に差し替えた。

増補 普通の人びと
クリストファー・R・ブラウニング　谷喬夫訳
ごく平凡な市民が無抵抗なユダヤ人を並べ立たせ、ひたすら銃殺する——なぜ彼らは八万人もの大虐殺に荷担したのか。その実態と心理に迫る戦慄の書。

匪賊の社会史
エリック・ホブズボーム　船山榮一訳
抑圧的権力から民衆を守るヒーローと讃えられてきた善きアウトローたち。その系譜や生き方を追い、暴力と権力のからくりに迫る幻の名著。

20世紀の歴史（上）
エリック・ホブズボーム　大井由紀訳
第一次世界大戦の勃発が20世紀の始まりとなった。この「短い世紀」の諸相を英国を代表する歴史家が渾身の力で描く。全二巻、文庫オリジナル新訳。

20世紀の歴史（下）
エリック・ホブズボーム　大井由紀訳
一九七〇年代を過ぎ、世界に再び危機が訪れる。不確実性がいやますなか、ソ連崩壊が20世紀の終焉を印した。歴史家の考察は我々に何を伝えるのか。

アラブが見た十字軍
アミン・マアルーフ　牟田口義郎／新川雅子訳
十字軍とはアラブにとって何だったのか？ 豊富な史料を渉猟し、激動の12、13世紀をあざやかに、しかも手際よくまとめた反十字軍史。

バクトリア王国の興亡
前田耕作
ゾロアスター教が生まれ、のちにヘレニズムが開花したバクトリア。様々な民族・宗教が交わるこの地に栄えた王国の歴史を描く唯一無二の概説書。

ディスコルシ
ニッコロ・マキァヴェッリ　永井三明訳
ローマ帝国はなぜあれほどまでに繁栄しえたのか。その鍵は〝ヴィルトゥ〟。パワー・ポリティクスの教祖が、したたかに歴史を解読する。

戦争の技術
ニッコロ・マキァヴェッリ　服部文彦訳
出版されるや否や各国語に翻訳された最強にして安全な軍隊の作り方。この理念により創設された新生フィレンツェ軍は一五〇九年、ピサを奪回する。

マクニール世界史講義
ウィリアム・H・マクニール　北川知子訳
ベストセラー『世界史』の著者が人類の歴史を読み解くための三つの視点を易しく語る白熱の入門講義。本物の歴史感覚を学べます。文庫オリジナル。

古代ローマ旅行ガイド　フィリップ・マティザック　安原和見訳

タイムスリップして古代ローマを訪れるなら？　そんな想定で作られた前代未聞のトラベル・ガイド。必見の名所・娯楽ほか情報満載。カラー頁多数。

古代アテネ旅行ガイド　フィリップ・マティザック　安原和見訳

古代ギリシャに旅行できるなら何を観て何を食べる？　そうだソクラテスにも会ってみよう！　神殿等の名所・娯楽ほか現地情報満載。カラー図版多数。

アレクサンドロスとオリュンピアス　森谷公俊

彼女は怪しい密儀に没頭し、残忍に邪魔者を殺す悪女なのか、息子を陰で支え続けた賢母なのか。大王母の激動の生涯を追う。（澤田典子）

古代地中海世界の歴史　本村凌二　中村るい

メソポタミア、エジプト、ギリシア、ローマ——古代に花開き、密接な交流や抗争をくり広げた文明を一望に見渡し、歴史の躍動を大きくつかむ！

増補　十字軍の思想　山内進

欧米社会にいまなお色濃く影を落とす「十字軍」の思想。人々を聖なる戦争へと駆り立てるものとは？その歴史を辿り、キリスト教世界の深層に迫る。

向う岸からの世界史　良知力

「歴史なき民」こそが歴史の担い手であり、革命の主体であった。著者の思想史から社会史への転換点を示す記念碑的作品。（阿部謹也）

増補　魔都上海　劉建輝

摩天楼、租界、アヘン。近代日本が耽溺し利用し侵略した街。驚異的発展の後なお郷愁をかき立ててやまない上海の歴史の魔力に迫る。（海野弘）

子どもたちに語るヨーロッパ史　ジャック・ル・ゴフ　前田耕作監訳　川崎万里訳

歴史学の泰斗が若い人に贈る、とびきりの入門書。地理的要件や歴史、とくに中世史を、たくさんのエピソードとともに語った魅力あふれる一冊。

隊商都市　ミカエル・ロストフツェフ　青柳正規訳

通商交易で繁栄した古代オリエント都市のペトラ、パルミュラなどの遺跡に立ち、往時に思いを馳せたロマン溢れる歴史紀行の古典的名著。（前田耕作）

謎解き『ハムレット』　河合祥一郎

優柔不断で脆弱な哲学青年——近年定着したこのハムレット像を気鋭の英文学者が根底から覆し、闇に包まれた謎の数々に新たな光のもと迫った名著。

日本とアジア　竹内好

西欧化だけが日本の近代化の道だったのか。魯迅を敬愛する思想家が、日本の近代化、中国観・アジア観を鋭く問い直した評論集。（加藤祐三）

ホームズと推理小説の時代　中尾真理

ホームズとともに誕生した推理小説。その歴史を黎明期から黄金期まで跡付け、隆盛の背景とその展開を豊富な基礎知識を交えながら展望する。

文学と悪　ジョルジュ・バタイユ　山本功訳

文学にとって至高のものとは、悪の極限を掘りあてることではないのか。サド、プルースト、カフカなど八人の作家を巡る論考。（吉本隆明）

来るべき書物　モーリス・ブランショ　粟津則雄訳

プルースト、アルトー、マラルメ、クローデル、ボルヘス、ブロッホらを対象に、20世紀フランスを代表する批評家が、その作品の精神に迫る。

ドストエーフスキー覚書　森有正

深い洞察によって導かれた、ドストエーフスキーを読むための最高の手引き。主要作品を通して絶望と死、自由、愛、善を考察する。（山城むつみ）

西洋文学事典　桑原武夫監修　黒田憲治／多田道太郎編

この一冊で西洋文学の大きな山を通読できる！20世紀の主要な作品とあらすじ、作者の情報や社会的トピックスをコンパクトに網羅。（沼野充義）

西洋古典学入門　久保正彰

古代ギリシア・ローマの作品を原本に近い形で復原すること。それが西洋古典学の使命である。ホメーロスなど、諸作品を紹介しつつ学問の営みを解説。

貞観政要　呉兢　守屋洋訳

大唐帝国の礎を築いた太宗が名臣たちと交わした政治問答集。編纂されて以来、帝王学の古典として屹立する。本書では、七十篇を精選・訳出。

シェイクスピア・カーニヴァル
ヤン・コット
高山宏訳
既存の研究に画期をもたらしたコットが、バフチーンのカーニヴァル理論を援用しシェイクスピア作品に流れる「歴史のメカニズム」を大胆に読み解く。

初学者のための中国古典文献入門
坂出祥伸
文学、哲学、歴史等「中国学」を学ぶ時、必須となる古典の基礎知識。文献の体裁、版本の知識、図書分類他を丁寧に解説する。反切とは？ 偽書とは？

詳講 漢詩入門
佐藤保
二千数百年の中国文学史の中でも高い地位を占める古典詩。その要点を、形式・テーマ・技巧等により系統だてて、初歩から分かりやすく詳しく学ぶ。

シュメール神話集成
杉勇
尾崎亨訳
「洪水伝説」「イナンナの冥界下り」など世界最古の神話・文学十六篇を収録。ほかでは読むことのできない貴重な原典資料。豊富な訳注・解説付き。

エジプト神話集成
杉勇
屋形禎亮訳
不死・永生を希求した古代エジプト人の遺した、ピラミッド壁面の銘文ほか、神への讃歌、予言、人生訓など重要文書約三十篇を収録。

宋名臣言行録
朱熹編
梅原郁編訳
北宋時代、総勢九十六名に及ぶ名臣たちの言動を人儒・朱熹が編纂。唐代の『貞観政要』と並ぶ帝王学の書であり、処世の範例集として今も示唆に富む。

資治通鑑
司馬光
田中謙二編訳
全二九四巻にもおよぶ膨大な歴史書『資治通鑑』のなかから、侯景の乱、安禄山の乱など名シーンを精選。破滅と欲望の交錯するドラマを流麗な訳文で。

十八史略
曾先之
今西凱夫訳
三上英司編
『史記』『漢書』『三国志』等、中国の十八の歴史書をまとめた『十八史略』から、故事成語、人物にまつわる名場面を各時代よりセレクト。（三上英司）

アミオ訳 孫子
〔漢文・和訳完全対照版〕
守屋淳監訳・注解
臼井真紀訳
最強の兵法書『孫子』。この書を十八世紀ヨーロッパに紹介したアミオによる伝説の訳業がついに邦訳。その独創的解釈の全貌がいま蘇る。（伊藤大輔）

ちくま学芸文庫

オリンピア　遺跡《いせき》・祭典《さいてん》・競技《きょうぎ》

二〇二〇年六月十日　第一刷発行

著　者　村川堅太郎（むらかわ・けんたろう）

発行者　喜入冬子
発行所　株式会社　筑摩書房
東京都台東区蔵前二―五―三　〒一一一―八七五五
電話番号　〇三―五六八七―二六〇一（代表）
装幀者　安野光雅
印刷所　星野精版印刷株式会社
製本所　株式会社積信堂

ISBN978-4-480-09988-4 C0122